税理士が提案できる
家族信託
検討・設計・運営の
基礎実務

公認会計士・税理士・行政書士
成田 一正
株式会社継志舎 代表取締役
一般社団法人民事信託活用支援機構 理事
石脇 俊司

税務経理協会

はじめに

超高齢社会となり，家族信託のセミナーが頻繁に開催されたり，認知症対策として成年後見制度が進められています。しかし，家族信託はまだまだハードルが高いと思われているのか，実務はなかなか追いついていません。多くの金融機関でもまだまだ対応が進んでいない面もあり，残念ですが，実際に家族信託の組成まで進められる税理士は多くいません。まだまだ一部の金融機関と士業の方々が中心となっているに過ぎない部分があります。

以前は，家族であれば代理人としての法律行為も緩く，許されてしまう実務が多くありました。しかし，法律が厳しくなり，本人の意思が尊重されるようになると，認知症の高齢者は法律行為が本来はできなくなります。そのため，本人が認知症になる前に意思を残しておくことが重要です。家族信託制度はもっと活用してよい制度です。

本書のタイトルは，「税理士が提案できる」としました。個人の財産管理の一番近くにいるのは税理士だからです。相続税が平成27年に改正されて，相続税が課税される対象が大きく広がりました。それによって，相続税には無関心であった多くの方々から税理士に対しての相談もぐっと増えています。また，賃貸不動産を所有するオーナーは，所得税の申告に当たっては税理士に相談することが多いでしょう。さらに，税理士は事業を営む経営者とも強いつながりがあります。財産管理には税の問題がつきまといますので，税理士は最も身近に存在することになります。

一方で，遺産をどのように分けるかという遺産分割をめぐっての争いも年々増えてきています。「相続争いはお金持ちの話」ということではなく，実際は相続税がかからないような金額でも争いが起こっています。

さらに，新型コロナウイルスが世の中の状況を大きく変化させました。もしものことがあったときのことを考えて，家族のために遺言を残しておかねばならないと思う方も増えたようです。必ずしも高齢者だけが重症になるわけではないようですが，高齢者はそれなりの準備が重要となるでしょう。また，家族のことも心配ですが，会社の経営者ならば会社のこと，社員のことを考えるはずです。そのようなときには遺言だけに頼るのではなく，万が一に備えて，もしものことがあった場合の次の一手は重要です。家族信託は自分が健常なときの備えを十分に果たしてくれる制度です。是非念頭に置いておくとよいと思います。

本書は税理士以外の士業の方々，金融機関の方，不動産を取り扱う業者の方，生命保険業界，相続の相談を受ける人々にも利用できるように工夫し，できるだけ実務に合致するように，手順に沿って進められるようにしました。掲載されているフォーマットを参考にしてもらえれば，クライアントに家族信託を推薦し，すぐに組成できるような構成になっています。このような実際に利用できる内容の書籍化は他ではあまりなかった試みです。

本書を参考にしていただき，家族信託を利用することにより，財産を残した方の遺志が十分に残るような仕組みが広がっていくことを願っています。

なお，本書の刊行にあたっては，株式会社税務経理協会の中村謙一氏に企画段階より大変お世話になりました。ここに心から感謝申し上げます。

令和２年６月

成田　一正

石脇　俊司

CONTENTS

第２章　税理士が行う家族信託の検討・設計・運営の実務

【凡例】

本文中で使用している主な法令等の略語は，次の通りです。

略語表記	法　令　及　び　通　達　等
所法	所得税法
所令	所得税法施行令
所規	所得税法施行規則
所基通	所得税基本通達
法法	法人税法
相法	相続税法
相令	相続税法施行令
相規	相続税法施行規則
相基通	相続税法基本通達
措法	租税特別措置法
措令	租税特別措置法施行令
登法	登録免許税法
地法	地法税法

【例】　登法７①一　→　登録免許税法７条１項１号

第１章

税理士業務と家族信託ニーズの結びつき

第1節　相続関連業務の需要の高まり

1 争続や認知症対策に一番近い存在は税理士

資産管理と資産承継に最も身近な存在は税理士です。これまで相続対策といえば税理士に持ち込まれる「相続税」に関することが大半でした。いかに上手に節税するのかという「相続税対策」が一番のテーマだったのです。

それが大きく流れが変わってきました。平成27年からの相続税法の改正により，相続財産がそれまでより少なくても相続税が課税され，相続税を申告する層が広がっています。実感している税理士も多いのではないでしょうか。その際に，次の2つの課題に接することがあります。

（1）　家族・親族内の争続対策
（2）　超高齢社会による認知症対策

(1) 家族内における争続

遺産の少ない家族だからといって揉めごとがないわけではなく，財産を残して亡くなればその多寡にかかわらず争続争いが生じてしまう傾向があることは多く報道等されています。従来，税理士は法律の専門家ではないため，家族内での争いには巻き込まれないように，争いは家族内で解決してもらい，相続税の計算のみが税理士の担当と割り切っていました。

しかし，今や財産の把握も税理士の担当業務です。生前から相続税を心配している高齢者はたくさんいます。民法相続法の改正も行われ，高齢者の相続問題は脚光を浴びています。遺言制度の改正，遺留分の改正と身近なことも多く，顧問先や周辺の見込み客にとって一番近しい存在である税理士に対しての相談が増えてきているのです。

(2) 認知症になると財産が「凍結」される

もう1つは認知症対策です。相続対策は，本人が死んだ後に財産をどうするかという問題です。それに対して，認知症対策では，本人がまだ生きている間に「この財産をどうするか」という問題が生じます。本人が重い認知症などによって判断能力を失った場合，預貯金や不動産などの財産が「凍結」されてしまう可能性があります。つまり，誰もそれを使ったり動かしたりすることができない状態になります。

そのような理由から，税理士も，高齢者本人からまたは子息から認知症対策についての相談を受けることが多くなってきています。孫に資金を贈与したくても，不動産を処分したくても，認知能力が低下すると何もできなくなります。その対応策をどうするかという内容が増えてきていますし，また，それをクライアントに気付いてもらうことも身近な税理士の業務です。

2 相続関連業務の増加

(1) 相続税申告の増加

平成27年からの相続税増税により相続税の大増税時代がはじまりました。課税対象となる人が一気に増えると予想されていたとおり，実際に今税理士が依頼を受けている相続税の案件の約半分は，税制改正前であれば相続税がかからなかった方からのものになっています。つまり，これまで相続税に縁がなかったかもしれない一般層にも，相続税対策が必要になる時代がやってきたというわけです。それに併せて，税理士にも相続税の事後申告事案が発生してきています。

裁判所が公表する司法統計によると，「遺産をどのように分けるか」という遺産分割をめぐって争った事件の数は右肩上がりに増え続けていて，平成12年には年間8,889件だったのが，平成30年には年間1万3,040件と大幅に増加しています。「相続争いなんてお金持ちの話」と考えられがちですが，実は家庭裁判所で行われた遺産分割調停のうち，相続財産が5,000万円以下の案件が全体の約76%を占めているというデータもあります（2018年家庭裁判所司法統計より）。

令和元年7月（一部は除く）からは相続に関係する法律（民法相続編）の改正が施行されました。今回は昭和55年以来，約40年ぶりに相続法の大きな見直しがされることになったことから，改めて大きな話題となっています。それも税理士が対応しなければなりません。

(2) 相続関連業務の増加

超高齢社会になり，近年の相続関連業務の増加は相続ブームといえます。また，争続争いの増加にも伴い，税理士が顧問先への遺言の作成を薦める場面も出てきています。関連業務としては，遺言，遺言信託，遺言代用信託，遺産整理業務，死後事務委任等があり，税理士以外にも司法書士が分野を広げてきています。クライアントと最も近い税理士がこのチャンスを活かさない手はありません。

＜相続税対策から総合コンサルティングへ＞

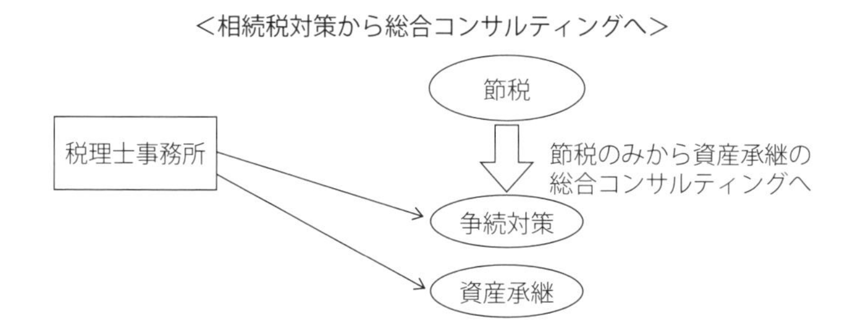

(3) 高齢者の財産管理

超高齢社会において，財産管理をする際の課題としては，以下のような項目があります。これらの事項は税理士の業務とは無関係ではありません。

□ 見守り契約
□ 財産管理委任契約
□ 成年後見人制度
□ 任意後見契約
□ 死後事務委任契約

(4) 成年後見人制度

認知症や知的障がいなどで，判断能力が十分でない人は，預貯金の入出金や施設などの契約手続きなどが自分ではできません。成年後見人は，その判断能力が十分でない人に代わって，これらの手続きを代行する人です。成年後見人は家庭裁判所が選任します。成年後見人になるためには，資格は不要です。家族がなれるのであれば，家族が成年後見人になるのが一番よいと思います。しかし，様々な理由で，現在のところ家族が成年後見人になれないケースが多くなっています。

このようなときは，司法書士や弁護士などの専門職が成年後見人に選ばれることがあります。また，多額の財産（といっても，現金で500万円から1,000万円以下）を持っている人が判断力がなくなった場合も，専門職が成年後見人として選任されるケースが多いようです。最近は，成年後見人に専門職が選任される傾向にあります。2017年は，専門職が成年後見人になるケースは約74％でした。親族が選任されるケースは約26％です。成年後見人になるためには資格は必要ありませんが，成年後見人をつけてもらうとき，家庭裁判所は，その人や家族の事情を考慮して成年後見人を選んでいます。

税理士会も専門職後見人の養成に力を入れており，税理士会主催の講座も開催されています。税理士会から，家庭裁判所への専門職後見人としての推薦もされていますが，まだ件数は多くありません。

成年後見制度は，あくまでも意思能力のなくなってしまった人の生活を守るためのもの，本人の利益のために様々な仕事を行うものであり，次のようなことはできません。

- □ 自宅を譲渡して介護施設に入る資金を捻出する。
- □ 本人の預貯金の中から孫の学費を払う，孫に贈与する。
- □ 投資用金融商品などを買って投資運用する。
- □ 不動産の処分をする。

(5) 任意後見契約

成年後見人は，家庭裁判所が選任します。任意後見人は本人が意思を伝えられるうちに，自ら選んでおくものです。赤の他人である専門家が法定後見人に選ばれるのは，親族による「使い込み」などから財産を守らなければいけないためでした。しかし，任意後見人は，本人が元気なうちに「いざというときはこの人に判断を任せる」と決めておく（「任意後見契約」を結ぶ）のです。裁判所に口をはさまれることなく，自分の親族を後見人にすることができます。

任意後見契約は本人の意思があるうちは発効しません。本人の判断能力が低下してきたときに，任意後見人候補などが裁判所に後見監督人の選任を申し立てることにより，任意後見契約が発効します。

任意後見契約は本人の意思のあるうちに結んでおく必要があります。任意後見人の仕事のひとつは，本人の「財産の管理」です。そしてもうひとつが，「介護や生活面の手配」です。要介護認定の申請等に関する諸手続き，介護サービス提供機関との介護サービス提供契約の締結，介護費用の支払い，医療契約の締結，入院の手続き，入院費用の支払い，生活費を届けたり送金したりする行為，老人ホームへ入居する場合の体験入居の手配や入居契約を締結する行為等です。

任意後見契約は委任契約の一種ですから，どの部分を委任するかは契約内容によります。しかし，任意後見監督人は定められた契約により実行しているかを家庭裁判所に届け出なければなりません。本人の財産のうちのどの部分を委任するかは分別して定める必要があります。

第２節　相続関連業務の一環としての家族信託

1　家族信託の有効性の確認

さきほどは後見制度の説明を簡単にしましたが，これに対して家族信託では以下のメリットがあります。

- □　公的監督人が必要なく，報酬支払いが不要
- □　贈与等の相続税対策が可能
- □　子息や孫への贈与が可能
- □　遺言も代用できる上，遺言ではできない財産承継も実現できる

超高齢社会の日本では，高齢者の財産管理に問題が生じています。高齢となり病気または精神的な理由から自身で財産管理ができなくなった者は後見制度を利用し，意思の行使ができなくなった後の財産を守ることができます。後見制度と同様に高齢者の財産管理において有効な制度が家族信託です。

家族信託は受託者による財産管理の制度です。家族信託の設定により，受託者は，資産を所有していた者（委託者）から財産の移転を受け，その財産の管理を行います。委託者が高齢者の場合，その委託者は信託した財産（以下，信託財産といいます）の収益等を得る受益者となります。信託財産の管理を任せ，受益者としてこれまでと同様に財産から得られる収益等を得続けることができます。

家族信託を開始したとき以降，委託者が自身で意思行使することができなくなっても，受託者が財産管理を行っていくため安心です。信託財産の維持や収益の確保は受託者に任せておけばよいのです。超高齢社会の日本では，家族信託は今後その活用が増えていくものと思われます。

現時点では，後見制度の利用率は高齢者の数を考えるとまだ低いようです。利用にあたっては諸々の課題を抱えているようですが，家族信託は後見制度と対立する

制度ではありません。高齢となる者が契約行為ができるうちに，後見人を選任しその者との間で財産管理等に関する委任の契約を締結する任意後見制度は，家族信託と併用して活用していきたい制度です。

2 家族信託に対するニーズは高い

(1) 家族信託はどんなときに必要になるの？

家族信託は社会の高齢化が進む中で注目されてきたもので，多くの方が認知症対策として利用しています。高齢の親などが，管理運用を必要とする預貯金，不動産，有価証券などの財産を保有しており，かつ認知症を発症するリスクがあるという場合には，家族信託を利用することで，将来起こり得るさまざまなトラブルを回避し，家族の誰もが納得できる財産管理を行うことができます。

具体的には，家族内での財産の引継ぎにおける以下のような場面で活用されています。

- □　自分自身が高齢となり不動産の管理が難しくなったので，管理を任せたい。
- □　自分が認知症などの理由で自らの意思の行使で財産の管理ができないようになったら不動産の管理をする人がいなくなる。
- □　自分が亡くなった後，妻は不動産の管理ができないため，今から管理を誰かに任せたい。
- □　子どもが浪費家であったり病気等の理由で財産管理が難しい。自分が亡くなった後に子供の生活が心配なので財産を誰かに任せたい。
- □　ある特定の財産を，相続人の長男に渡して守ってもらいたい。
- □　不動産の相続で，相続人が共有することを防ぎたい。
- □　代々承継してきた財産を，血のつながった親族に承継させたい。
- □　高齢となり株式を持っていても，議決権の行使ができなくなると会社が動かなくなる。
- □　後継者に株式を渡したいが，まだ若いのでもうしばらくの間，議決権は自身でもっていたい。
- □　血のつながった親族で株式を承継していきたい。

しかし，家族信託を開始するためには，当事者双方に意思能力があることが必要です。高齢になった親を委託者とする場合，認知症によって本人が意思能力を失ってしまうと契約できません。したがって，家族信託を活用する場合には，できるだけ早く準備を進める必要があります。

「そろそろ親も高齢になってきたし，財産のことを決めておいたほうがよい」「自分がいつ認知症になるかわからないから，そうなってしまったときに財産をどうするか決めておこう」と心配になったときには，最も身近なところにいる税理士が相談を受けることが増えてきています。

(2) 遺言より心理的ハードルの低い家族信託

遺言は「自分の死後，誰が遺産を相続するか」という生々しい話ですが，家族信託は「自分が生きている間」に，自分（や家族）のために財産をどう役立てるかということを決めるものです。

(3) 家族信託に関する最近の傾向

家族信託が世の中で知られるようになり，任意後見に代わるものとして活用されるようになりました。任意後見人の職務は財産管理と身上保護です。自分の所有する財産の一部を家族信託契約により代用して，家族等に管理をしてもらうことができます。

親は自分の認知症や死を考えたくない場面もあります。身体が弱ってきても頭がしっかりしていれば家族信託契約は可能です。委託者が財産を受託者へ託して，管理や処分をしてもらおうという強い意思を持っているうちに結んでおくのが望ましいのはいうまでもありません。

(4) 家族信託の件数

ある信託の団体からは，2016年には2,000件～3,000件だったものが，2018年には年8,000件～9,000件に増えているのではないかという推計も出ており，家族信託はここのところ増えつつあります。また，日本公証人連合会による統計によると，公正証書にされた家族信託契約は2018年では2,223件となっています。統計をはじめたばかりなので，どの程度の割合で増えているかはわかりませんが，広がりつつあることは事実です。

3 税理士が家族信託に取り組まない理由

税理士があまり積極的に家族信託に取り組んできていない理由はいくつかあると考えられます。

(1) 節税にはつながらない

税理士はクライアントから節税を求められる場面が多くあります。家族信託はすぐに節税につながるものではありません。そうするとクライアントからの要望に応えられず，重い腰を上げることはありません。

(2) 家族信託は長期間にわたるもの

家族信託は設計から終了するまでは長期間を要するものが多くなります。顧客になんらかの形で関与していく期間が長くなり，税理士事務所としてもそれだけリスクがあるともいえます。

しかし，逆に，クライアントとの関与を深めるために積極的に家族信託に取り組むこともできます。顧客と税理士との繋がりが深くなれば，将来にわたり継続して関与することが可能という面があります。

(3) 報酬は総合的にカバー

ビジネスとして，税理士業務では報酬をいただかなければなりません。税理士として事務所が携わるコストと収入は常に考慮されていることでしょう。家族信託での報酬は成年被後見人等の報酬と比較される面が往々にしてあります。報酬が多額になる場面は多く出てくるものでもありませんので，積極的に関与することに尻込みをすることもあるでしょう。

しかし，関与の中には会計税務に関わることばかりではなく，その他の相続関連業務や顧客の資産管理に関わる種々の業務が存在します。税理士としては，これらも併せて顧客に総合的にアドバイスして報酬につなげることに視点を置けば，十分にカバーされるものです。

(4) 税務処理が明確でない部分がある

①信託法の改正は平成19年

もともと個人間の財産管理を念頭に置いて作られた「信託法」は，商事信託を中心に発展し，1922年（大正11年）の制定時以来，80年以上に渡って実質的な改正がありませんでした。近年，民事信託の分野でも高齢社会の到来を背景に，後見的な財産管理や遺産承継を目的とする家族信託への期待が高まったため，2006年（平成18年）12月に「信託法改正」が行われ，2007年（平成19年）9月より施行されています。

信託は長期間にわたるものですし，特に家族信託の分野ではまだまだ事例が多く出てきていません。まだ実務が成熟してきていないということも事実です。そこで税理士としても，未知の分野である家族信託への取組みには慎重になっている面があります。

②税制の改正等で明確にされていない部分

信託に関連する税制の改正は信託法の改正に伴い平成19年に行われました。しかし，それ以降は目立った改正は行われていません。信託法の改正から10年以上を経て，実務上明確にしてほしいことが出てきています。特に相続税における債務控除に関して，委託者が亡くなったときにどのようにすれば債務として認められるのか，実務の世界では問題になっています。税理士事務所としては慎重に対応することになります。

③受益者連続型信託

受益者連続型信託では負担付遺贈に比して二重課税になるのではないかという論点が残ります。

④事業承継税制と信託

いわゆる事業承継税制が大きく報道されて，一般の経営者にも徐々に周知されるようになってきました。しかし，事業承継税制と信託は併用はできないことになっており，どちらかの選択になってしまいます。

⑤不動産損失の損益通算制限

受益者が個人の場合には，その家族信託から生ずる不動産所得の損失については生じなかったものとみなし，損益通算制限が設けられています。この点は税理士が関与するときに留意しなければならない事項です。

4 税理士こそ家族信託の活用場面が多い

(1) 福祉型信託は推進するべし

最も大きなニーズである認知症対策のための家族信託には，もっと積極的に取り組んでも，税理士としてのリスクはあまり大きくはならないと考えられます。

認知症対策は今やどの家族にとっても必要なことであり，税務計算上において困難な解釈が伴うものではないからです。遺言を書くことを薦めたり任意後見制度の紹介と併せて家族信託の情報提供を行っていくべきです。

(2) 多くの経営者が悩む自社株の承継問題

税理士のクライアントの多くは中小企業でしょう。税理士は経営者と接する機会が最も多く，経営者も税理士事務所を頼りにしているところです。この中小企業の後継者問題が現在大きな課題となっています。

家族の中に後継者が存在する場合には，後継者に自社株を承継するタイミングがポイントとなり，贈与税のかからない自社株信託が利用できます。「自分が一代で築いた会社の自社株を後継者に承継させたいが，現在は株価が高くすぐに譲り渡すことができない」，「先代の時代に株式が複数の人間に分散している」，これらの株式をなるべくまとめて，次世代に事業承継をしたい等のニーズに答えるためには，家族信託の利用は検討されるべきです。

5 税理士が関わることができる家族信託支援業務

(1) 信託決算の支援

受託者による信託事務の適正性と受益者保護の観点から，受託者は信託財産に係る帳簿等の作成と保存をしなければなりません（信託法37）。信託帳簿の作成，貸借対照表・損益計算書その他の財産状況開示資料の作成が必要で，これらの資料は保存が義務づけられています。

(2) 法定調書の作成の支援

受託者は，家族信託に関する受益者別（委託者別）調書および合計表，家族信託の計算書および合計表の作成と提出の義務があります。

(3) 受益者の所得税の申告

信託財産に係る所得について信託の計算書を作成しますが，受益者の個人の所得税の申告は，信託財産による所得と信託財産以外の財産に係る所得を併せて行わなければなりません。税理士が信託財産に関する計算に関与していれば，所得税の申告にも連動させることができ，その手続きに無駄がなくなると思われます。

(4) 信託監督人

クライアントが家族信託を組成した後，適正に運営されているかを継続的にモニタリングする必要があります。クライアントと信頼関係ができている税理士が適任です。受益者の権利の保護，受託者が適正に信託事務の実施を行うよう，税理士は信託監督人として信託契約等の信託行為に定め信託監督人を務めます。

信託監督人が報酬を得る場合，信託行為に定めなければなりません。適正な家族信託の運営のために信託監督人に就任し，継続的に関与することになればその報酬を得ることができます。

(5) 受託者の継続的相談窓口

税理士は，信託設定後，信託監督人等の役割に就任しなくても受託者の相談者として継続して信託に関わることが必要です。家族信託の普及が進んできている今日ですが，家族信託を組成した後に専門家のフォローが受けられていないような事例が散見されます。

税理士が受託者から委託を受けて信託事務の一部を担うこともありますが，信託事務の委託だけでなく，受託者の長期的な相談相手になることが必要です。家族信託は委託者等の家族等が受託者を務める信託です。受託者が専門家でなくても，受託者が自立して信託事務を行えるようになることが長期的に信託を安定させることにもつながり，委託者の目的を実現することが可能となります。

家族信託設定後しばらくの間，受託者の支援をするサポートサービスを有料で提供することも可能です。サポートサービスはあくまでも受託者が自立して信託事務を行えるような支援の位置づけとなります。

6 受託者支援としての会計業務

税理士としての業務に関連して，税理士事務所では日常的に会計税務に関する業務を行っていますので，受託者からの会計税務関連業務の受託をする立場にあるといえます。

(1) 受託者の税務は受益者による

家族信託に属する資産や負債，収益や費用は受託者に帰属しますが，法人税や所得税を計算する場合は，受益者等に帰属するものとみなされます。家族信託で発生した収益や費用を取り込んで，受益者の所得を計算して申告することになります。その申告の基となる数値は受託者が取りまとめなければなりません。

(2) 家族信託に関係する会計は２つある

現在あるクライアントの会計と税務処理業務に関連することが多くあります。家族信託の受託者としての会計業務は次の２つを適正に区分しなければなりません。

① 受益者の会計…一般的に使われている会計

② 受託者の会計…信託財産の状況が記載されている会計

継続中のクライアントには①の業務は継続したままで，別途②の受託者の信託財産の会計も必要になります。新規に②の受託者会計だけの依頼を受けることもあるでしょう。

信託銀行や信託会社では，これらの者が受託者として帳簿を作成し，報告書を受益者に渡しています。これらの費用は商事信託では受託者報酬に含まれています。家族信託の場合は，受託者のところで生じた損益の原資証憑を見て受益者としての会計を行い税務申告することがほとんどでしょう。

(3) 帳簿作成，報告，保存義務

受託者には受益者のために信託財産を守る義務があります。

(4) 受託者の会計ルール

家族信託の会計は，一般に公正妥当と認められる会計の慣行に従うものとする（信託法 13）こととなっており，原則的には，一般に公正妥当と認められる企業会計の基準に準じて会計処理をしなくてもよいとされています（企業会計基準委員会（実務対応報告第 23 号），信託の会計処理に関する実務上の取り扱い Q8）。

(5) 家族信託での帳簿

一般的な信託（限定責任信託以外の信託）の場合，信託帳簿は，通常はそのために作成せず，他の書類で代用することも可能とされています（信託計算規則 4 ①）。家族信託ではいわゆる会計帳簿まで完全に備え置くことはありません。しかし，税理士が関与し，会計帳簿が整理されるならばよりよい管理が可能になります。

(6) 決算書として何を作るか

受託者は，毎年 1 回，一定の時期に，法務省令で定めるところにより，貸借対照表，損益計算書その他の法務省令で定める書類または電磁的記録を作成しなければならないとされています（信託法 37 ②）。旧信託法は受託者は信託引受のとき及び毎年 1 回一定の時期において各信託に付財産目録を作ることを要す（旧信託法 39 ②）とされていましたが，信託法が改正されて，必ずしも貸借対照表や損益計算書を作らなければならないとは限らなくなりました。家族信託の目的に応じて必要なものを作成することが認められていますので，財産目録のみでもよいケースもあります。

①信託の計算書（法定調書）

提出期限：信託銀行以外翌年 1 月 31 日

記載事項とポイント：

・収益費用の受益者元本の受益者委託者受託者
・信託受益権の複層化にも対応した情報の記載
・信託期間受益者等に交付した利益，受託者報酬
・収益及び費用の明細
・「資産，負債資産の合計－負債の合計」となっています。いわゆる「純資産の部」に相当するものがありません。

・信託の会計がベース

②信託に関する受益者別（委託者別）調書

提出期限：信託の効力発生，受益者変更，信託終了，権利内容変更により相続税や贈与税が生じた日の属する月の翌月末まで

記載事項とポイント：

・信託財産の種類，所在地日，構造・数量，信託財産の価額，信託に関する権利の内容，信託期間，提出事由，提出事由が生じた日，記号番号
・信託財産の価額は相続税評価額を基準として作成します。

7 家族信託の受託者と税理士

(1) 受託者としての信託報酬

信託法では原則として受託者の報酬を無償としています。信託財産を受託者の固有財産に移動してはならないという自己取引を禁止（信託法31①一）する信託の理念に反するからです。しかし，当事者が決めた信託報酬なら委託者と受託者の合意で報酬を取り決めることはできます（信託法54）。受託者が報酬を受け取ってはいけないということはなく，また，受け取ったからといって信託報酬の授受がただちに信託業法違反の問題になるという訳ではありません。

信託業法が問題になるのは，営業目的で，不特定多数の委託者や受益者から反復継続して信託業務を引き受ける場合で（信託業法2①），これに該当すると受託者は信託業法の適用を受けることになり，金融庁の免許が必要となります。ここでの営業とは，反復継続性と収支相償性をもって信託の引受けを行うことと理解されています。

通常の信託については，特定少数の委託者から複数回信託の引受けを行う場合には，反復継続性があるとは考えず，信託業の対象とはしていませんが，これは，反復継続性を不特定多数の委託者ひいては受益者との取引が行われ得るかという実質に則して判断していることによるものです。

(2) 税理士が受託者になれるのか

税理士や司法書士等が家族信託の受託者となることができるのでしょうか。信託

法では受託者の範囲に限定はなく（信託法7），税理士でも株式会社，一般社団法人でも家族信託の受託者になることができます。しかし，クライアントからの依頼で複数の受託者に就任することは反復継続という観点から好ましいことではないと考えます。

(3) 税理士法人は受託者等に就任できるか

税理士法人は，定款の目的に財産管理の受任も信託業務も含まれませんので，そもそも受託者になることはできません。同様に税理士法人は信託監督人にも信託代理人にも就任することはできません。

(4) 受託者に税理士が就任すること

税理士が，委託者となる財産の所有者から受託者への就任を希望された場合は，個人として受託者になることは可能です。また，受託者として一般社団法人を設立することが有効です。そして税理士が，受託者である一般社団法人の理事になることも可能です。税理士が一般社団法人の理事として加わってくれれば，監督の面からも委託者や受益者にとって心強いことでしょう。

受託者になる一般社団法人は，その委託者に限っての受託者になるべきです。しかし，税理士が報酬を得る理事の地位に就任することについては慎重に対応するべきです。税理士は受託者の一般社団法人を通じ，財産管理をアドバイスする限度に止まり，財産の管理をいわば無条件に任される立場ではありません。

一般社団法人は決算も税務申告も必要です。この場合でも，一般社団法人の会計事務に関しては会計事務所としての立場で関与することは可能であると思われます。

8 信託報酬の必要経費性

(1) 信託報酬の税務上の取扱い

家族信託で親族の受託者に信託報酬を支払う場合，税務上の検討が欠かせません。家族信託の委託者はほとんどが個人ですので，事業所得や不動産所得がある場合や家族信託の組成のための相談報酬を支払った場合にどこまでが必要経費になるかが実務の問題になります。

家族信託を組成する費用は各種の場面によってまちまちであると思われますが，所得を得るために直接必要とされる費用ではないため，所得税については，原則的には必要経費にはならないと思われます。

平成 19 年の通達改正前には，『業務用信託財産に関する費用で所得税法第 37 条第 1 項に掲げる費用に該当するものがあるときは，当該費用は，その者の業務用信託財産の使用収益に係る各年分の各種所得の金額の計算上必要経費に算入する。』としています。この通達は信託法改正により「廃止通達」となっていますが，その趣旨・内容には変わりないと考えられます。

したがって，各種費用が家族信託から生ずる不動産所得等の金額の必要経費に該当するためには，その費用が所得税法 37 条 1 項に規定するものに該当するかどうかが重要ですが，当該規定は別段の定めがあるものを除き，必要経費に算入する金額は「その総収入金額に係る売上原価その他当該総収入金額を得るため直接に要した費用の額及びその年における販売費，一般管理費その他これらの所得を生ずべき業務について生じた費用の額とする。」旨を規定しています。

個人の所有する資産を信託財産とするために要した各種の費用は一種の財産管理費用であり，上記規定（所法 37 ①）が予定している「収入金額を得るために要した費用」とは認められないものと考えられます。

(2) 不動産管理のケース

不動産管理信託で不動産を管理する場合，信託報酬を受益者の必要経費に算入するためには，家族信託の目的を不動産賃貸業務に限ると明示するか，経費をきちんと区分管理をしておくことが必要となります。

実務上は，別途不動産管理会社を設立して，受託者が不動産の管理を不動産管理会社に委託し適正な管理料を支払うということも別の方法として考えられます。この手法によれば，受託者は受益者の生活全般の面倒を見つつ，不動産管理については別の不動産管理会社を活用することにもなります。

税理士が受託者を引き受けたら，ただちに信託業に該当するということではありません。顧問先の高齢になった顧客に受託者になることを期待され，その信託限りで受託者を引き受けた場合も不特定多数性に該当することにはなりません。顧問先からの家族信託だからという理由で信託業法違反が問われることはないと思われます。

しかし，できる限りコンサルティングという立場に徹し，受託者となることは望ましくはないと思われます。

第３節　家族信託の仕組み（基礎編）

1　家族信託の概要

(1) 家族信託の登場人物

家族信託とは委託者が信託契約や遺言によって，その信頼できる人（受託者）に対して金銭や土地などの財産を移転し，受託者は委託者が設定した信託契約や遺言に従って受益者のためにその財産（信託財産）の管理・処分などをする制度です。

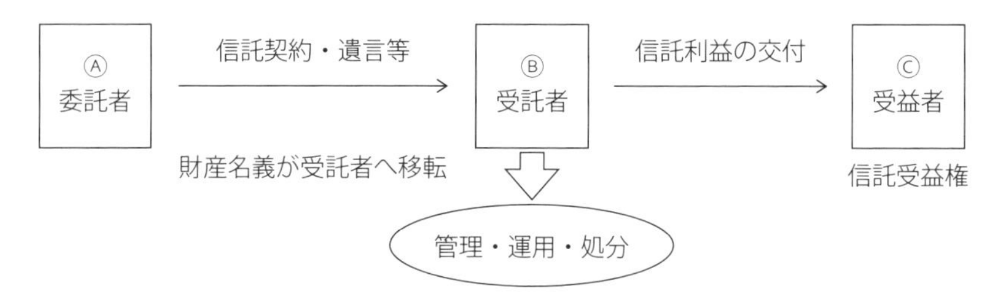

①　財産を持っている人（Ⓐ委託者）が，信託契約や遺言等によって，自分の財産を信頼できる人（Ⓑ受託者）に託す。

②　Ⓑ受託者はその財産を管理・運用・処分する。

③　特定の人（Ⓒ受益者）が，その財産から生じた利益の給付を受ける。

(2) 信託財産の名義

財産の名義はⒷ受託者に変更されます。これが大きなポイントです。

高齢者の財産が，本人が知らない間に本人以外の者により売却されたり，費消されたりすることが社会問題となっています。銀行預金の引出しや，不動産等の財産の処分に本人の意思確認が必要となってきました。高齢者の名義のままだと，意思能力が欠如してしまうと財産が凍結されてしまいます。

ところが，財産の名義が受託者になっていれば，受託者が財産を処分することが可能になります。

(3) 財産から生じる利益はなくなってしまうのか

財産の実質的な所有者はⓒ受益者となるため，財産の管理・運用・処分から生じた利益はⓒ受益者のものになります。この点も大変重要なポイントです。遺言では，相続時点で該当する財産が存在しない場合にはそれで終了ですが，信託については原則として信託財産はそのまま信託財産とされます。例えば不動産を売却して金銭に変更されても，金銭は信託財産として扱われます。

(4) 家族だけでできるのか

親族のための信託で営利性がない場合には，信託業の免許等が不要です。したがって，親族や同族会社が受託者になることも可能です。

2 各用語の説明

(1) 登場人物の役割

家族信託は，委託者，受託者，受益者の三者の関わりを理解することが必要です。

委託者は，信託の創始者（オリジネーター）です。

受託者は，委託者の信託への思い（信託目的）を引き受けて，信託される財産（信託財産）の管理・処分をする者で，信託期間中，受託者は義務を果たしながら財産管理・処分の役割を担います。

受益者は，信託財産の収益を受ける者です。信託契約等に定められた権利（受益権）を持ち，その権利を受託者より享受します。

(2) 委託者

委託者は，家族信託の創始者，設定主体です。家族信託の目的を有し，その目的の実現のため，受託者にその信託財産を委託する者です。委託者は受託者との間で家族信託を設定し，自身が有していた信託の目的となる財産（信託財産）を受託者に移転します（信託譲渡）。信託譲渡により，委託者が有していた財産の所有権は受託者に移転します。

(3) 受託者

受託者は，委託者より信託を引き受ける者です。信託法２条には，「特定の者が一定の目的に従い財産の管理又は処分及びその他の当該目的の達成のために必要な行為をすべきものとする」との定めがあります。受託者はこの「特定の者」にあたり，信託期間中，信託目的達成のために信託財産の管理・処分等をしていきます。

また，受託者には信託財産の管理・処分において複数の義務があります。その義務を果たしながら信託終了までその役割を担わなければなりません。

(4) 受益者

受益者とは，受益権を有する者です。信託財産あるいはその運用から生じた利益の給付を受ける者です。信託行為に定められた受益権を有し，その受益権の内容に従い，受託者より信託財産の引き渡しや信託財産に係る給付を得ていきます。

【家族信託の三者の関係】

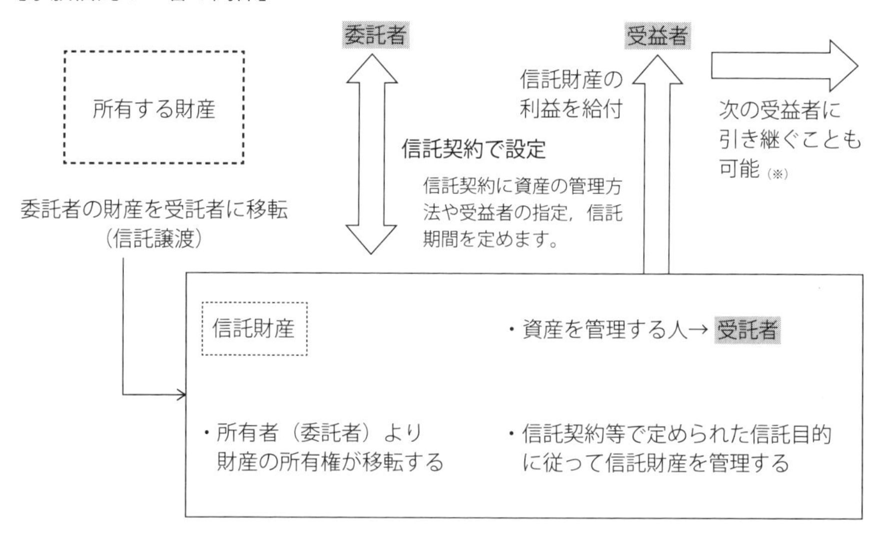

（※）家族信託が終了した場合に信託財産は残余財産受益者または帰属権利者に給付されます。

(5) 信託財産と受益権

受託者に管理・処分させる目的で，委託者が受託者に移転するとその財産は信託財産となります。財産が受託者に移転すると，その財産の名義は委託者から受託者へと移転します。財産を受託者に移転することを信託譲渡といいます。これにより，財産は「信託の受益権」に変化することになります。

信託財産は，家族信託を設定するときにある当初信託財産と，その信託財産の運用により生じる財産と，追加で委託者より信託される追加信託財産があります。家族信託であるための要件として，一定の財産が存在し，その財産が受託者に帰属していることが必要です。

3 家族信託の受託者の業務

(1) 受託者の意義

受託者は，引き受けた家族信託の目的の達成に向けて，信託財産の管理・処分を行っていきます。受託者は委託者の信託目的を実現する者です。

- □ 受託者は信託目的を達成するためのその信託を引き受けます。
- □ 受託者は信託財産の管理・処分に権限があり，義務も負います。

(2) 受託者は委託者の信託目的を実現する者

家族信託には必ず目的があります。目的がない信託は信託ではありません。例えば，高齢者の資産を管理する家族信託では，その高齢者の健全な福祉を実現するという目的があります。病気や精神的な理由で高齢者自身が財産の管理ができなくなった後も，受託者にその管理を任せつつ高齢者は福祉的な生活を送れるようになります。

受託者は委託者より引き受けた家族信託の目的を実現するために必要な行為をする権限を有しています。また，家族信託を引き受けてから終了するまでの間，受託者は，様々な義務を果たさなければなりません。

受託者となることは「大変なことを引き受ける」その覚悟が必要です。

4 家族信託の機能と効果

家族信託を利用することで，通常の譲渡や贈与では得られない効果を得ることができます。

(1) 本人の意思を継続できる

財産の名義を信頼できる受託者にしたとします。

一度家族信託を設定すれば，仮に信託期間中に家族信託を設定した本人（委託者）が認知症に認定されたり，死亡した場合でも，委託者の認知症の認定や死亡が家族信託の終了事由になっていない限り，家族信託は継続されます。したがって，本人が死亡した後も，本人の意向に従って，家族信託により指定された受益者に収益が配分されます。

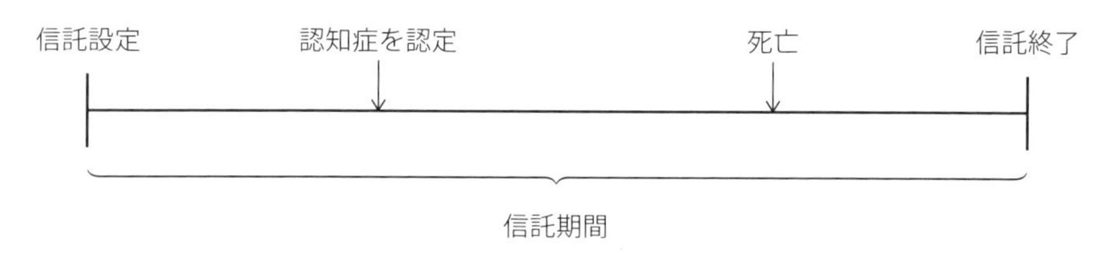

(2) 収益の受益者を連続して定めることができる

例えば，「本人に相続が発生した場合には，まず配偶者を受益者とし，配偶者に相続が発生した場合には長男を受益者とする」といった連続した承継の指定を行うことができます。

(3) 「財産」を様々な「権利」に転換できる

家族信託を検討していくと，「収益受益権」，「元本受益権」という言葉が出てきます。難しそうですが，実務では信託財産をこの２つに分けて管理することができ，大変便利な特徴です。

それぞれの権利は，別々の者に承継させることもできます。

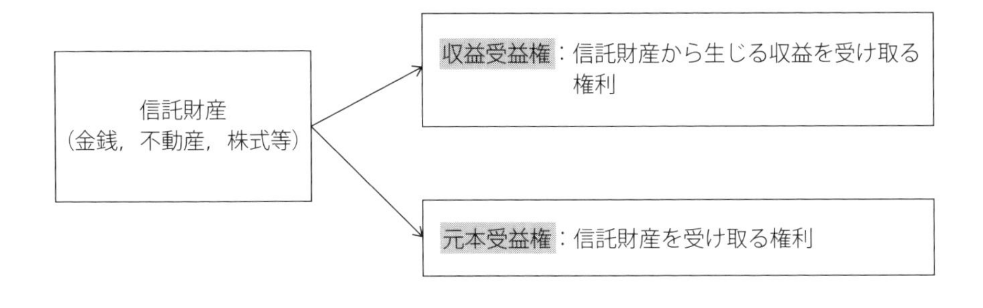

5 家族信託と商事信託

(1) 家族等が引き受ける信託

家族信託は信託を業としない者が信託を引き受ける（受託者となる）信託です。特に親族関係者が中心となって信託を展開し，その引受け手は家族等が担う場合に家族信託と表現されます。

また，信託の主な担い手には，内閣総理大臣の免許または登録を得た信託会社や信託銀行もいます。これらの法人は複数の者から信託を引受ける信託業の営業を行うことができます。これを商事信託といいます（以下，信託の引受けを業とする者が受託者となる信託を商事信託といいます）。信託会社や信託銀行は，社会のニーズにあわせ，今後様々な信託商品を開発していくことが任務です。

一方，信託業の免許や登録のない者でも信託の引受けは可能です。高齢になった父や母の財産管理を行うため，子息等が受託者となり信託を引き受ける信託の取組みが注目されています。これを家族信託といいます。

父や母が高齢となり自身で財産の管理ができなくなる前に，子息等が務める受託者に財産を移転し，子息等の受託者が財産の保守，修繕，運用をして，受益者である父や母に運用益等を給付することができる仕組みは，超高齢社会に必要な財産管理の方法です。

(2) 家族信託がより活用されるために必要なこと

信託は財産の管理と承継の仕組みです。信託業を行うためには，内閣総理大臣の免許または登録が必要となります。一方，家族信託は，家族等の資産管理においては素人が受託者となり信託を引き受ける信託です。そのため，受託者は様々な専門家から支援を受ける必要があります。

家族信託をより発展させていくためには，金融機関，弁護士や司法書士などの法律の専門家，税理士や公認会計士などの税・会計の専門家，各財産の管理・運用業務に精通した資産管理の専門家，そして受託者の信託事務を支援する信託に精通した実務家が必要です。

商事信託 …金融庁の監督下に置かれる

家族信託 …家族だけで組成することができる

(3) 信託銀行や信託会社の受託者と家族等が務める受託者の違い

①商事信託と家族信託の違い

受託者が信託目的の達成に向けて信託財産を管理・処分することにおいて，家族等が受託者を務める家族信託でも，信託銀行や信託会社が受託者を務める信託でも大きな違いはありません。信託銀行や信託会社は，金融機関の信託業務の兼営等に関する法律，信託業法（以下，両法を併せて信託業法等といいます）の適用を受け信託業を行いますが，家族等が受託者を務める家族信託では，信託業法等の適用は受けず，受託者の規律により信託法の定めに従い信託事務を担います。

②信託業法の適用を受けるか否か

信託銀行は，内閣総理大臣の認可を受け，信託業法に定める信託業等を営むことができます（金融機関の信託業務の兼営等に関する法律1)。信託会社は，内閣総理大臣の免許または登録を受けた者（信託業法２②）で，信託の引受けの営業をします。信託業法は，信託業を営む者等に関し必要な事項を定め，信託に関する引受けその他の取引の公正を確保することにより，信託の委託者及び受益者の保護を図っています（信託業法1)。信託銀行・信託会社は，信託業法等に従い信託の引受けの営業を行っていきます。一方，家族等が受託者となり信託を引き受ける家族信託は，受託者が信託会社・信託銀行ではないため，信託業法等の適用を受けません。

信託法は，信託の要件，効力等について定めています（信託法1)。信託法には，受託者の権限，受託者の義務等，受託者の責任等について定めがあります。家族等が受託者を務める家族信託の受託者は，信託業法等の適用はありませんが，信託法に定められた受託者の義務・責任を果たしていかなければなりません。

③家族信託でも受託者の規律は不可欠

設計の柔軟性から家族信託は万能という意見もあります。そういう面もあるかもしれませんが，設計は慎重に行うべきです。信託法に従った規律を取り入れた信託契約等を定めていかなければならず，制度設計者や家族信託の支援者は，家族信託ゆえの規律を常に意識していかなければなりません。そして，その規律を受託者も理解し，家族信託の維持を図り信託目的の実現に向けて信託事務を行っていかなければならないのです。

一方，受託者は，信託銀行や信託会社と異なり，資産管理の専門家ではありません。信託事務において，専門的な技能を必要とする場合，家族信託の受託者では対応することはできません。対応できないから「やらない」では，信託法に定められた受託者の義務が果たされません。受託者は適正な財産管理を行わなければなりません。信託法には信託事務の第三者への委託が認められています。専門性を必要とする信託事務は外部の専門家への事務の委託を行い，その専門性を補完する必要があります。

第４節　家族信託の仕組み（応用編）

1　資産・事業の承継において家族信託を活かす

家族信託は財産管理とともに資産の承継も行うことができます。特定の財産を特定の者に承継したいときや相続時に速やかに資産を承継したいとき，遺言などの他の制度に比べて有利なことがあります。

(1) 資産・事業の承継において家族信託の活用が有効となる事項

- □　資産の承継先を信託契約に定めておくことができる。
- □　特定の財産のみ信託することもできる。
- □　認識力が弱くなったり，死亡しても議決権の行使が滞ることがない。

(2) 遺言と同様の仕組みであるが遺言では不可能な承継ができる

一般的な家族信託は，委託者が受益者となる信託です。委託者（＝受益者）の所有していた財産を受託者が管理・処分し，受益者に信託財産に係る運用益等を給付していきます。資産を承継する信託には，遺言代用信託と受益者連続型信託があります。

遺言代用信託は，当初受益者が死亡した後，次の受益者として定められている者が受益者となる信託です。遺言と同様に資産の承継が可能です。受益者連続信託は，当初の受益者が死亡したら次の受益者（第二受益者）の指定があり，第２受益者が死亡したら，次の受益者（第三受益者）の指定のある信託です。第２受益者，第３受益者を信託の設定者である委託者が指定することができますが，遺言では指定できないことから，信託ならではの有効な仕組みです。

(3) 特定の者に承継したい財産を遺言より確かに承継できる

いざ遺言を書くということになると迷う方は多いと思います。遺言を書く者が所有する財産について，それぞれ誰にどのくらい相続させるのかを現時点ではなかなか決められないという問題があります。しかし，特定の財産を特定の者に承継したいというニーズはありながら，すべての財産の承継先を決められないからといって遺言を書かないでいると，いざ相続が発生したときに特定の財産を承継したい者に承継できなくなり，遺産の分割に揉め事が生じます。

家族信託を活用すれば，特定の資産を信託財産とし，その財産を承継させたい者を当初受益者が亡くなった後の受益者とすることで，その者にその財産を承継させる仕組みを作ることができます。この際には2通りの方法があります。1つは信託法にも定められている「遺言信託」です。遺言信託は委託者の死後に効力が発生が発生する信託です。これに対して，(2) でも登場した，信託契約で効力が発生する「遺言代用信託」があります。委託者の死亡前の契約時に効力が発生しますので，財産管理はすぐに受託者へと移ります。

信託契約と同時に財産管理を受託者に任せてしまい，死後には財産の行き先を決めておく「遺言代用信託」での利用が一般的です。

2 遺言代用信託と受益者連続型信託

(1) 遺言代用信託

遺言代用信託は遺言の代わりに利用されます。

委託者の死亡の時に受益者となるべき者として指定された者が受益権を取得する旨の定めのある信託，または委託者の死亡の時以後に受益者が信託財産に係る給付を受ける定めのある信託（信託法90①一,二）は，遺言代用信託といわれています。

相続・事業承継における家族信託では，当初の受益者は委託者です。委託者と受益者が同じ信託は自益信託です。自益信託は信託設定時に課税はありません。

遺言代用信託の委託者が死亡する前の受益者または帰属権利者は，信託設定時に受益者としての権利を現に有する者には含まれません。したがって，信託設定時には課税されません。一方，委託者が死亡したときには，信託契約に受益者として定められている人は受益者または帰属権利者となります。そのため，委託者が死亡し

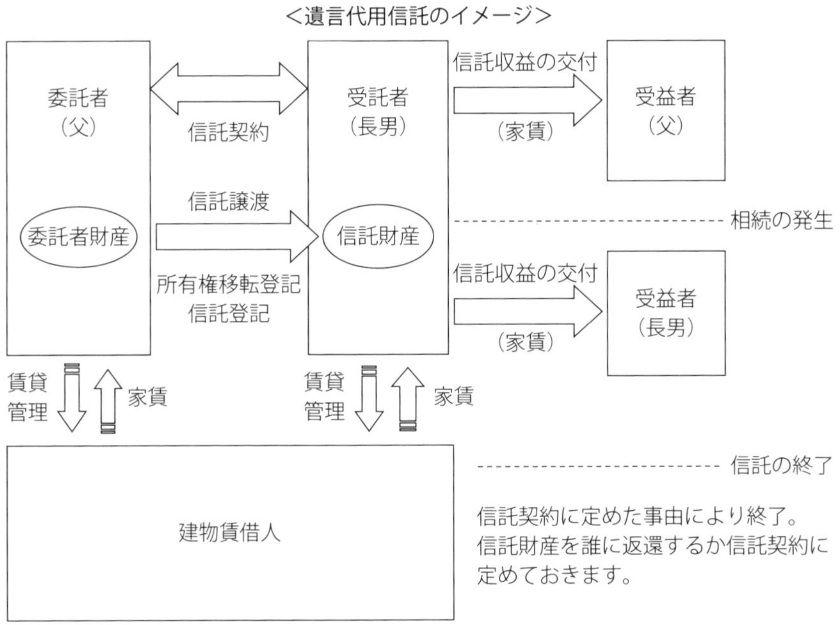

＜遺言代用信託のイメージ＞

委託者
（父）

信託契約

受託者
（長男）

信託収益の交付
（家賃）

受益者
（父）

信託譲渡

委託者財産

信託財産

所有権移転登記
信託登記

相続の発生

信託収益の交付
（家賃）

受益者
（長男）

賃貸
管理

家賃

賃貸
管理

家賃

建物賃借人

信託の終了

信託契約に定めた事由により終了。
信託財産を誰に返還するか信託契約に
定めておきます。

たときに相続税が課税されます。

(2) 受益者連続型信託

相続税法9条の3では，受益者の死亡により，当該受益者の有する受益権が消滅し，他の者が新たな受益権を取得する旨の定め（受益者の死亡により順次他の者が受益権を取得する旨の定めを含む）のある信託（信託法91），受益者を指定し，またはこれを変更する権利を有する者の定めのある信託（信託法89①），その他これらの信託に類するものとして政令で定めるものを受益者連続型信託として，当該信託に関する特例を定めています。

受益者連続型信託の受益者は，前の受益者が死亡したことにより新たな受益者となり，自身の死亡するまでまたは一定の事由を満たすまでの間は受益権を有します。そして，信託契約の定めに従い新たな受益者が連続して受益権を取得していきます。

受益者連続型信託の受益者は，受益権を適正な対価を負担せずに取得した場合において，その受益者連続型信託の権利に関して期間の制限や権利の価値に作用する要因としての制約が付されていないものとみなされ課税されます。制限や制約が付

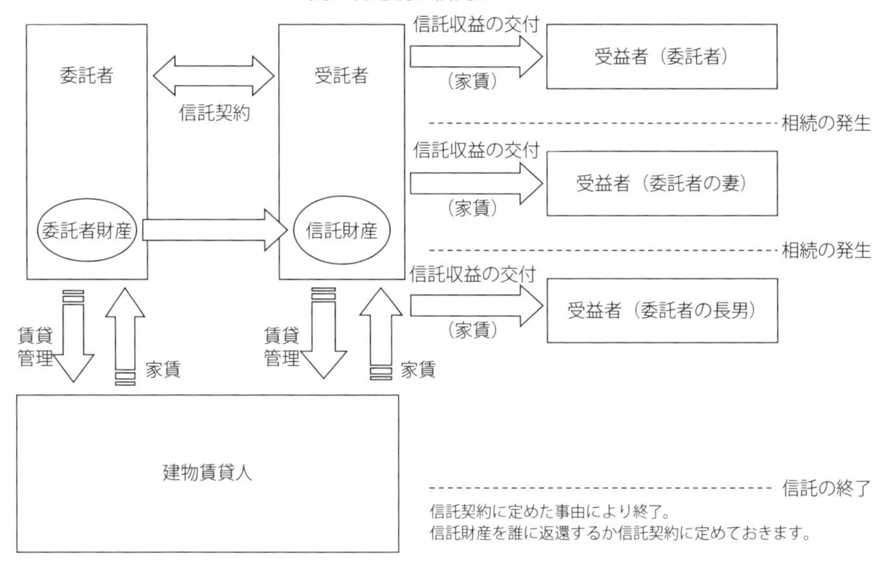

されていないものとみなされるということは，すなわち信託財産額そのものをすべて受益者が有するとみなされ課税されることとなります（相法９の３)。

これは，収益受益権の評価額について重要なポイントとなります。受益者連続型信託の受益者が収益受益者である場合，その受益者は期間の制限やその他の制約が付されていないものとみなされ，信託財産をすべて有しているものと同じとみなされて課税されることとなります。一方，受益者連続型信託の元本受益者が有する元本受益権評価額は，収益受益権評価額が信託財産額のすべてとなるため，零となります（相基通９の３−１(３))。ただし，法人が収益受益権を有する場合，この特例は適用されません。

受益者連続型信託における将来の受益者（当初受益者以降の受益者としてされている受益者）は，前の受益者の死亡によりその者の受益権が消滅し，その後，自身の受益権が新たに発生しその受益権の受益者となることの指定をされている受益者です。信託設定時に受益者として指定されたことによる課税はありません。受益者連続型信託に関する税の取扱いについては，明瞭となっていない点もあり，個々の事案については税務署に尋ねることが望ましいと思われます。

(3) 自社株信託

オーナー経営者の事業承継における家族信託の活用も有効です。自社株式を信託すると，所有権は受託者に移転するため，株主は受託者となります。オーナーが元気なうちは議決権の行使に問題はありませんが，意思行使の能力を失ってしまうと議決権の行使ができなくなります。会社の重要な意思の決定ができなくなると経営ができなくなります。

そこで家族信託を活用し，あらかじめ受託者に株式の名義を移転しておけば，企業オーナーの意思能力がなくなった後も株主である受託者が議決権を行使することができ，議決権行使の停滞がありません。

しかし，オーナー経営者は，健在のときにはまだまだ経営権は手放したくない思いが強いです。そこで，自社株式を信託財産とする場合，受託者に対し議決権行使の指図をする「議決権行使の指図者」を定めておきます。家族信託では「議決権指図権」を別途定めておくことが可能です。オーナーの意思能力がなくなってしまったときは，後継者を議決権行使の指図者とすることを定めておけば，いざというときは後継者の指図を受けて受託者が議決権を行使するため議決権の行使は滞りません。

3 家族信託と遺言と成年後見制度の関係

(1) 家族信託の実務的機能

これまでの法制度では，家族の中で判断能力等が不十分な人の財産を「守る（管理する）」，「活かす（活用する）」という法的な仕組みは，成年後見制度や任意の財産管理等委任契約によって実現され，また，財産を「遺す（承継帰属させる）」という法的な仕組みは，遺言や相続，あるいは贈与や死因贈与などの法制度によって実現されてきました。

信託には様々な法的機能があります。「長期的管理機能」，「集団的管理機能」，「転換機能」，「倒産隔離機能」で，これらの機能のうち，家族信託で重要なのは「長期的管理機能」です。「長期的管理機能」とは，信託の目的に従って，受託者に信託財産を長期的に管理運用させ，その中で財産を活用や処分をし，そして最終的には財産を承継させる機能です。信託の目的において，信託当事者の意思能力の喪失や死亡という変化にも影響を受けず，長期にわたって維持する事ができ（意思凍結機能），信託受益権を複数の受益者に連続して承継させ（受益者連続機能），「当初受益者を自分，第二受益者を子，第三受益者を孫に」というような信託（後継ぎ遺族型受益者連続信託）を設定できることは信託特有の機能です。

(2) 家族信託と成年後見制度の違い

①成年後見制度の限界─成年後見制度との大きな違い

成年後見制度では，本人の財産は本人のためにしか管理活用処分できません。いかに本人が望んだとしても第三者のためには活用できません。それが，親族であっても家族であっても同じで，ただ例外として認められるのは，本人の扶養義務の範囲です。

財産は，保存，利用，改良，活用，そして運用という様々な管理行為と，さらには処分行為を伴いますが，成年後見制度では実際上これらの管理行為や処分行為が大幅に制限されています。財産の運用は，基本的には認められておらず，活用もほとんど不可能です。しかし，本人の意思と関係なく，自宅以外の不動産などがかなり簡単に後見人によって処分されている事実が散見されます。

なお，任意後見契約においては，契約（付与される代理権）の中で，「朽廃した家屋を撤去し新たな賃貸用不動産を新築し，収益を本人の生活費に充てるものとする」と具体的に定めれば，任意後見人は当然にその範囲で財産を活用処分等することはできます。

最近では，成年後見人による被後見人の財産の使い込みが問題視されて，「後見制度支援信託制度」が大々的に利用され，成年後見人の手元からは金融資産は隔離されてしまいます。このために，皮肉にも被後見人のための最良の生活支援や福祉の確保が難しくなっていることも事実としてあります。

②家族信託特有の意思凍結機能

家族信託には「意思凍結機能」があります。「意思凍結機能」とは，信託設定時に委託者が決めた家族信託の目的（例えば，認知症の妻を一生涯最善の支援をするとか，障がいを持つ子を一生にわたり生活の支援と最良の福祉を確保すること）につき，家族信託当事者の意思能力喪失や死亡という主観的事情の変化にも影響を受けず，長期間にわたって維持する機能です。この意思凍結機能は成年後見制度にはありません。

家族信託の中でも特に代表的な福祉型家族信託は，高齢者や障害者など管理能力に乏しい者を抱えた委託者が親族や専門的知識を有する確かな受託者に財産を移転し，その財産を管理・運用してもらい，あるいはそれによって得られた収益を信託の目的に即して受益者に生活費や施設利用費等として給付してもらうという仕組みのものです。委託者の死後またはその意思能力が減退した後も，信託の目的に即して受益者の安定した生活を確保する仕組みとしても活用されるものです。

(3) 任意後見制度と家族信託の併用を勧める理由

下記のような理由から，任意後見制度と家族信託は併用することが望ましいと思われます。

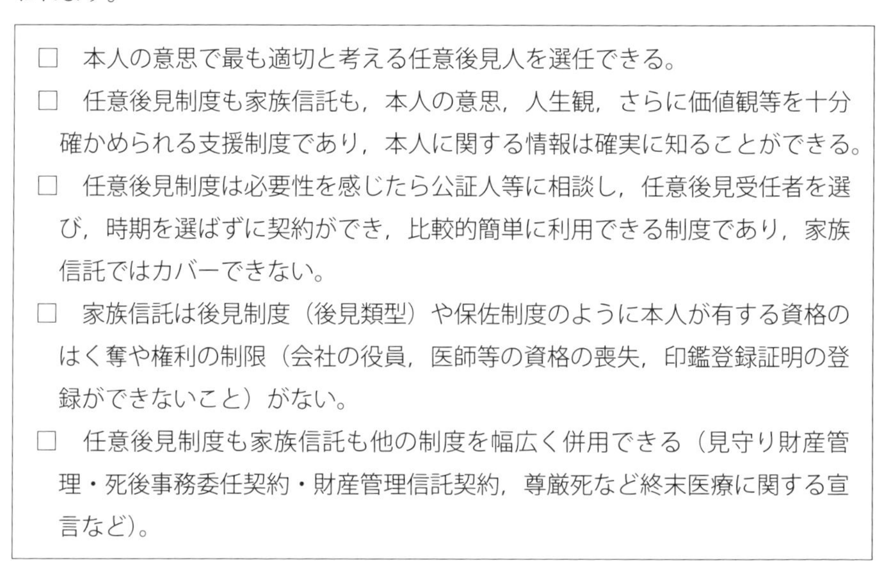

□　本人の意思で最も適切と考える任意後見人を選任できる。

□　任意後見制度も家族信託も，本人の意思，人生観，さらに価値観等を十分確かめられる支援制度であり，本人に関する情報は確実に知ることができる。

□　任意後見制度は必要性を感じたら公証人等に相談し，任意後見受任者を選び，時期を選ばずに契約ができ，比較的簡単に利用できる制度であり，家族信託ではカバーできない。

□　家族信託は後見制度（後見類型）や保佐制度のように本人が有する資格のはく奪や権利の制限（会社の役員，医師等の資格の喪失，印鑑登録証明の登録ができないこと）がない。

□　任意後見制度も家族信託も他の制度を幅広く併用できる（見守り財産管理・死後事務委任契約・財産管理信託契約，尊厳死など終末医療に関する宣言など）。

また，成年後見制度は，財産管理のみならず，身上監護（保護）に深く関わる「本人を守る」制度です。一方，家族信託は，財産管理の事務に限定されるものの，身上監護に関する金銭の管理はできますが，介護・医療契約はできません。

(4) 遺言による問題点

①遺言はいつでも書き換えられる

当初遺言者が相当熟慮したと思しき内容の遺言が，後日遺言者の判断能力の低下や思い付きが原因と推測されるような状況で，書き換えられたり，撤回されてしまうことがあります。

②相続人全員の合意で遺言を「反故」にできる

遺言は，遺言執行者がいても相続人全員が同意（遺産分割の合意）すれば，遺言とは異なる内容の遺産分割の協議をすることが可能であるとされています。

平成10年7月31日付東京地裁判決（その控訴審の東京高裁平成11年2月17日判決も同旨）は，「遺言の内容が相続分及び分割方法の指定である場合は，遺産分割協議が遺言執行者の遺言の執行を妨げるものでないから，遺言執行者には遺産分割協議の内容に立ち入る権利も義務もなく，遺言執行者には遺産分割協議の無効を確認する利益は認められない」と判示しています。

③成年後見人の行為による遺言の執行不能

成年後見人が遺言対象の財産を処分してしまうことがあります。成年後見人が遺言書の存在を知っていても，これには拘束されずに，被後見人の意思に反して相続財産を売却して，遺贈の対象の財産を消滅させてしまうことが起きます。

④相続関係人によって隠匿破棄

自筆証書遺言については，一部相続関係人による隠匿破棄のおそれがあります。

⑤遺言を無効とする争いが多い

主として自筆証書遺言については，相続関係人による遺言無効訴訟の提訴が少なくありません。遺言には，自筆証書遺言と秘密証書遺言，そして公正証書遺言がありますが，公文書である公正証書遺言が法的にもまた実際的にも，いわゆる争族を回避するのに最も適した遺言だと考えられています。しかし，公正証書遺言が裁判で無効となることもでてきています。

平成30年7月6日，法務局における遺言書の保管等に関する法律（平成30年法律第73号）が成立しました（同年7月13日公布）。相続をめぐる紛争を防止するという観点から，法務局において自筆証書遺言に係る遺言書を保管する制度が新たに設けられ，令和2年7月1日から施行されます。自筆証書遺言の確実性が向上された面もあり，今後の遺言の活用が望まれます。

第５節　家族信託関連の法律

1　概要

(1) 信託行為の種類

家族信託での法律行為は大変重要です。信託では，委託者は自分の不動産等の財産の名義を受託者に託し，受託者には絶対の信頼を置いています。家族信託は，絶対の信頼が置ける者がいないと組成するべきではありません。

受託者は，委託者の希望である「家族を守る」といった一定の目的の実現のために，財産の管理または処分およびその他，その目的を達成するために必要な行為をします。

信託の設定方法は次の３種類があります。これをまとめて，「信託行為」といいます。

① 信託契約による方法
② 遺言による方法
③ 信託宣言する方法

(2) 信託契約による方法

福祉型信託では，親と子どもの間で「契約」による信託を主に使います。財産の所有者である親が元気な間に委託者になり，財産を管理する子どもを受託者，所有者の親を受益者として，信託契約を締結します。契約の当事者は，財産を信託する委託者と信託される受託者の二者契約になります。ここで注意することは，受益者を決して信託財産の所有者（親など）以外にせず，最初は，「委託者＝受益者」の構造（自益信託）にすることです。例えば，委託者を親，受託者を子ども，受益者を孫とする信託契約を結ぶと，信託財産の不動産が親から孫へ贈与されたことになり，贈与税が課せられることにもなります。詳しくは税務の解説を参照してください。

(3) 遺言による信託

遺言信託というのは，遺言を作成して，委託者に相続が起きたときに効力が生じるように設定する信託です。契約による信託が一般的ではありますが，どうしても相続開始後に信託をスタートさせたい場合には遺言による信託を使います。

また，信託契約による方法ですと契約締結時現在の財産が信託され，契約日以降の財産は自動的に信託されません。委託者の財産すべてを漏れなく信託したいと希望するのであれば，信託締結後から相続までに発生した財産については，信託財産に注ぎ込めるように遺書による家族信託で対処しておくことも可能です。

なお，信託契約は，委託者と受託者の二者契約ですが，遺言による信託は遺言をする人だけで完結する手続きです。事前に受託者に承諾を得ておく必要はありません。しかし，あらかじめ内諾を得ておかないと，遺言者が指定した人や法人に受託してもらえないことがありますから，事前の承諾は得ておく必要があります。

(4) 信託宣言（自己信託）する方法

信託宣言（自己信託ともいいます）とは，委託者が自分自身を受託者として自分の財産を信託財産とする旨を公正証書などで意思表示することで設定する信託です（信託法 3 ③)。

自己信託でさらに自分が受益者となる，「委託者＝受託者＝受益者」の「三位一体信託」については，そのままの状態で 1 年継続すると信託は終了する（信託法 163 ②）ことになります。ここが自己信託の一番のポイントです。財産を信託しようとした際に，どうしても適当な受託者が見つからない場合があります。そのときには，自分の財産を一旦自分が受託者となる三位一体信託をしておき，早期に受託者を見つける方法も可能です。

しかし，自己信託は受託者すなわち委託者が意思能力に欠如をすることになると，機能が止まってしまいます。受託者を見つけることは大変なことですが，実務的には自己信託の後は速やかに受託者を変更する方がよいです。

ひとつの打開策として，受益権の一部を自分以外の者にすることにより，三位一体信託から外れることができます。受益権の贈与等が将来予定されているような場合には，先に少しでも贈与を実行することにより，三位一体信託を回避することは可能です。

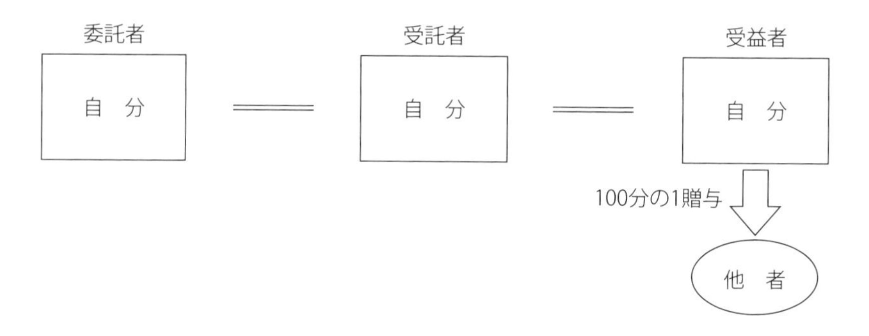

しかし，三位一体信託を避けるためだけの100分の1贈与ではなく，受益権を取得する予定の者を想定してからにしてください。

2 家族信託の法的構造

(1) 家族信託は所有権を分離できる

不動産の所有者は，その名義と財産権を合わせて持っていて分離できません。家族信託とは所有権を名義と財産権に分けることなのです。

例えば，父が所有者となっている自宅を例に例えると，自宅の不動産の名義を長男に変えることで，長男は不動産の管理，運用，処分等の財産管理義務を負います。そして，財産権は当初の所有者である父のままにしておきます。名義人である長男

<信託とは所有権を名義と財産権に分けること>

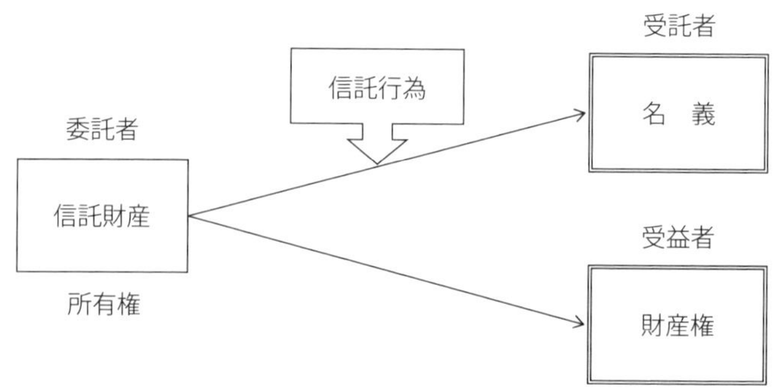

は財産管理義務を負い，父がどのような状態になろうとも，長男さえしっかりしていれば凍結しません。つまり，不動産の凍結は防ぐことができます。法律的にいえば，当初の所有者が「委託者」，名義を変えた者が「受託者」，財産権は「受益者」になります。

(2) 家族信託の目的が重要

信託するに際し，必ず決めなくてはならない一番のポイントがあります。それは，当初の所有者（委託者）がどのような「願い」や「希望」を持っていたかを明らかにすること，すなわち，「信託の目的」を書面に明記することです。

例えば，「自分の判断能力が減退しても，不動産を賃貸もしくは売却できるようにする」，「先祖代々の不動産を祭祀承継者に確実に承継できるようにする」などという具体的な記載を行います。なぜならば，当初の所有者（委託者）が認知症になったり，相続が開始してしまった後にも財産管理は継続されますので，具体的で的確な目的がないと，受託者が財産管理の方向性を失ってしまうからです。当初の所有者（委託者）は家族信託の道標となるべき「目的」をしっかりと明記しなくてはなりません。

(3) 家族信託で制限をかけることが可能

家族信託はとても柔軟性があり，不動産に制限をかけることもできます。先祖代々の土地は孫の代までずっと手放して欲しくないという希望があったとします。所有権は絶対的権利なので，相続等で次の人に所有権が移るとこのような制限をかけることはできませんが，信託契約ではそれらが可能となり，また，不動産登記の信託目録によって公示されます。

制限する内容も，自由に決めることができます。例えば，「この不動産は○○の同意がないと売却できない」，「この不動産には抵当権や根抵当権などの担保をつけることができない」などの制限です。不動産の売却や担保権設定において特定の人の同意が必要な場合には，その人の同意書を付けないとそれらの登記ができません。

不動産に抵当権を付けようと思っても，信託で制限していれば抵当権設定の登記はできません。結果的に売却や担保の設定の制限が可能になります。

(4) 不法な目的の家族信託や脱法信託は無効

目的が不法な場合や脱法信託は信託自体が無効になりますので，注意が必要です。例えば「信託財産の運用のため，受託者は麻薬の売買を行う」といった家族信託や「信託財産の運用益は，各賭博場の主催者に交付する」といった信託は無効になります。家族信託によって名義が変わる際に，財産権の移転がないため，登録免許税が軽減されたり，不動産取得税が非課税になることがありますが，税務メリットのためだけに信託をすることも脱法行為に該当する場合があると思われますので，注意すべきです。

(5) 信託契約には委託者の明確な意思が重要

信託契約で重要となるのは，委託者と受託者に契約する能力，つまり判断能力があるかどうかという点です。受託者は，信託財産を管理，運用，処分する義務があるので，判断能力を持ち続けなければなりません。委託者は自分の財産を受託者へ信託してしまえば，その後の財産管理義務はありません。受託者は引き続き管理する能力は必要です。

信託契約は委託者と受託者で締結するので，契約時には双方に意思能力が必要です。よく，委託者の認知症が進みかけているので，急いで家族信託の組成をしたいという要望があります。信託契約締結後に委託者の判断能力が減退しても家族信託に影響はありませんが，信託契約時に委託者に契約の意思と能力について，後々のトラブルが起きることもあります。

(6) 受託者の利益になる家族信託は無効

契約とはいえ，家族信託の内容はまったく自由に決められる訳ではありません。その家族信託が受益者の利益になるものではなく「受託者の利益」になるような目的では，家族信託は成立しません。

(7) 受託者の分別管理義務

受託者は信託財産に属する財産と固有財産に属する財産とを分別管理しなければなりません（信託法 34）。この分別管理は財産ごとに定められています。

①不動産

受託者は，自分の財産と受託者名義で信託された財産を分別管理しなくてはなりません。自分の財産と信託財産を混ぜてしまうことなく，区別しなくてはならないのです。不動産における分別管理とは，「登記」をすることです（信託法34①一）。

②金銭や預貯金

信託財産の金銭や預貯金は，受託者が分別して管理しなくてはなりません。信託契約に管理の方法を定めた場合にはそれに従いますが，特に定めていない場合には，「その計算を明らかにする方法」で管理すればよいとされています（信託法34①二ロ）。会計帳簿があれば望ましいですが，そこまでは要求されてはいません。

銀行預金の場合，預貯金には通常，譲渡を禁止する旨の文書である譲渡禁止特約が付されており，自分名義の預貯金を他の人に譲渡できないように定められています。

(8) 農地の家族信託は難しい

農地については注意しなければなりません。農地は農業協同組合または農地保有合理化法人による信託の引受け以外，原則として信託できないからです（農地法3①十四，②三）。農地は家族信託だと農地法の許可が下りないのです。農地の信託については法律の改正が待たれるところです。

(9) その他の登場人物

家族信託での基本は，委託者，受託者，受益者の三者ですが，家族信託ではその他に受益者代理人と信託監督人を設定することがあります。

①受益者代理人

受益者代理人とは，受益者のために受益者の権利に関する一切の裁判上または裁判外の行為をする代理権限を有する者をいいます（信託法139）。家族信託では，受益者は多くの場合において委託者である親になります。その親が高齢のために，認知症など自分で意思表示ができない場合に，信託契約を変更する可能性があるときなどに，受託者と受益者代理人で信託契約を変更できるように設定することが多いです。

受益者代理人については，受益者代理人の任務が終了したなど一定の場合を除き，裁判所が受益者代理人を選任することはできないと考えられています（信託法 141 ①）。

②信託監督人

信託監督人とは，受託者が信託契約等に基づいて日々行っている財産管理が，きちんと適切に行われているかをチェックする人です（信託法 131 ①）。信託銀行や信託会社は金融庁の監督を受けます。また成年後見制度では後見人は裁判所の監督下にあります。家族信託では受託者を親族にすることが多く，親族間での強い信頼関係の下で信託するため，監督する必要性は薄いかもしれません。

受益者は，受託者に対する監督権限を有しているのですが，受益者が高齢等でその監督権限を十分に発揮することができない場合があります。そのような時に，信託監督人となる人を指定する定めを置いておき，実際に信託監督人を指定することで，受託者に対して適切に監督を行うことが可能となります。

信託契約書等に信託監督人となる人を指定する定めがなかったとしても，利害関係人が裁判所に請求することにより，信託監督人を選任してもらうことができます。

③受益者代理人か信託監督人か

家族信託を監督するのに受益者代理人を置くか，信託監督人を置くかという問題があります。実際には，福祉型信託において，受託者の監督が必要な場合には，信託監督人よりもむしろ，受益者代理人を選任することのほうが多いと思われます。

それは，受益者代理人と信託監督人とでは，受益者代理人は，受益者が有する一切の権利を行使する権限を有するのに対し，信託監督人はあくまで，信託法 92 条各号に定める権利のみを行使する権限を有し，前者の方が権限が大きいといえるからです。

第６節　家族信託の法務と登記

1　家族信託の効力発生と公示

信託契約は，委託者と受託者の合意で成立し，効力が生じます（信託法４①）。利益を受ける受益者は，契約成立時の当事者にはなりません。また，信託財産となる不動産などの引渡しや登記などは効力要件ではありません。しかしながら，次に述べるように信託財産のうち登記が必要なものがあります。

信託法では，信託財産に属する財産の対抗要件として，「登記又は登録をしなければ権利の得喪及び変更を第三者に対抗することができない財産については，信託の登記又は登録をしなければ，当該財産が信託財産に属することを第三者に対抗することができない。」（信託法14）と規定されています。不動産においては登記をしなければ，第三者には対抗できません。

第三者の範囲は，信託関係人である，委託者，受託者，受益者，信託管理人，信託監督人，受益者代理人などおよび委託者と受託者の包括承継人，詐欺または強迫によって登記の申請を妨げた者，信託財産または受益権に対する不法行為者を除いた者となります。

2　受託者の分別管理義務としての登記

受託者は「当該信託の登記または登録」によって分別管理をする必要があり，不動産は「信託の登記または登録をすることができる財産」として定められています（信託法34①一）。登記は司法書士の業務で，難解な登記が含まれるため，司法書士に依頼することがよいでしょう。

分別管理する方法について，信託行為に別段の定めがあるときは，その定めるところによる（同条①但書），とされています。しかし，信託財産が不動産である場合は受託者の分別管理義務が大変に重要な義務であるため，同条2項によって信託財産が不動産である場合には，信託契約に別段の定めをおくことで登記を免除することはできないされています。不動産を信託した場合に登記を留保する理由がなければ，遅滞なく登記申請しなければなりません。

3 信託登記の登記事項

それでは登記はしなくてもよいのでしょうか？　答えは「いいえ，登記は必要」です。不動産は，「信託の登記または登録をすることができる財産」として，受託者には「当該信託の登記または登録」によって分別管理をする必要が出てくるからです（信託法34①一）。

不動産については，信託法に登記に関する事項が規定されているだけでなく，不動産登記法にも「信託に関する登記」として，独立して規定があります。

信託登記に特有な登記事項は，下記のとおりになります（不動産登記法97①）。

＜信託登記に特有な登記事項＞

一　委託者，受託者および受益者の氏名または名称および住所

二　受益者の指定に関する条件または受益者を定める方法の定めがあるときは，その定め

三　信託管理人があるときは，その氏名または名称および住所

四　受益者代理人があるときは，その氏名または名称および住所

五　受益証券発行信託であるときは，その旨

六　受益者の定めのない信託であるときは，その旨

七　公益信託であるときは，その旨

八　信託の目的

九　信託財産の管理方法

十　信託の終了の事由

十一　その他の信託の条項

なお，二号から六号までに掲げる事項のいずれかを登記したときは，受益者の氏名または名称および住所を登記することを要しないとされています（同条①）。た

だ，受益者代理人を登記した場合には，当該受益者代理人が代理する受益者に限り，受益者の登記を要しないとされています。

また，登記官は信託の登記事項を明らかにするため信託目録を作成することができるとしていますが（不動産登記法 97），実務上は登記申請者が信託目録に記録すべき情報を信託登記申請と共に提出しています。

第７節　家族信託の税務

1　家族信託の課税の基本

信託とは，信託をする者（委託者）信託契約や遺言の方法により，受託者に対して財産を移転し，受託者は委託者の定めた信託目的に従って，受益者のために信託財産の管理・運用・処分などの行為をすることです（信託法２①）。しかし税法では，信託の設定による財産の移転という形式ではなく，信託の実質に着目し実質所得者課税の原則により課税を行います（所法13等）。

信託に関する税制上の定義は以下のように分類されますが，家族信託では受益者等課税信託が中心となります。

（1）受益者等課税信託

集団投資信託，退職年金等信託，法人課税信託以外の信託をいいます。

（2）集団投資信託

厚生年金基金契約等をいいます。

（3）法人課税信託

法人税法２条１項29号の２に規定する次に掲げる信託をいいます（集団投資信託等一定の信託を除きます）。

①　受益証券を発行する旨の定めのある信託

②　受益者が存在しない信託

③　法人が委託者となる信託で一定のもの

④　特定投資信託（委託者指図型証券投資信託，国内公募投資信託以外のもの）

⑤　資産流動化法に定める特定目的信託

2 受益者等課税信託の基本的な仕組み

(1) 基本

家族信託で最も多く採用される信託の種類として想定されるのが，受益者等課税信託です。信託を設定した場合，その信託財産の所有権は法律的には受託者に移転し，受託者の固有財産とは分別して管理されます。しかし租税法上は，その経済的な利益が帰属する受益者等への課税を目的に，信託財産が受益者等に帰属するものと擬制して基本的な整理がされています（所法 13 ①，法法 12 ①，相法 9 の 2 ）。

信託により，受託者は信託財産の所有者となりますが，それはあくまでも受益者のために管理・運用・処分をするための手段に過ぎず，所有権があるからといって受託者自身で随意に信託財産の処分等ができるわけではありません。あくまでも信託の目的に基づいてその範囲で管理処分することが可能となります。

<信託の基本的な形式>

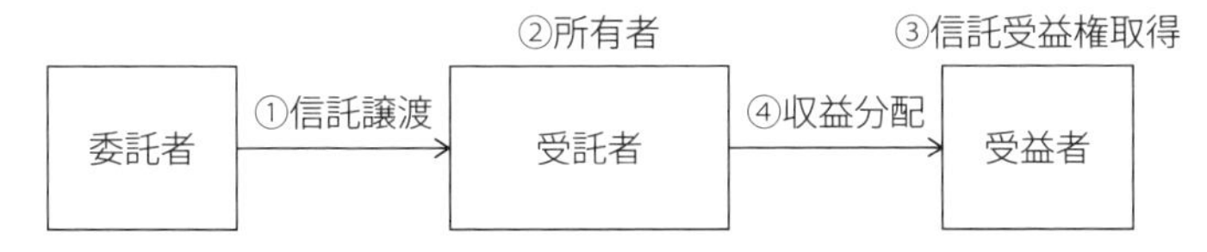

信託の設定が行われた場合には，その信託の受益者が信託財産に属する資産及び負債を有するものとみなされ，同時に信託期間中の信託財産に帰せられる収益及び費用は，その信託の受益者の収益及び費用とみなされます（所法 13 ①，所基通 13–3 等）。

(2) 受益権の分割

受益者が取得する信託の利益を受ける権利が信託受益権ですが，信託受益権は，収益受益権と元本受益権に分解でき，受益権は 2 つに分けることも可能です。収益受益権は，信託財産の管理運用によって生じる利益を受ける権利であり，元本受益権は，信託終了時に信託財産自体を受け取る権利です。不動産の収益物件を例とすれば，賃料収入を受け取る権利が収益受益権，不動産自体を受け取る権利が元本受益権となります。これらは信託法の定義ではありませんが，税務ではこのように

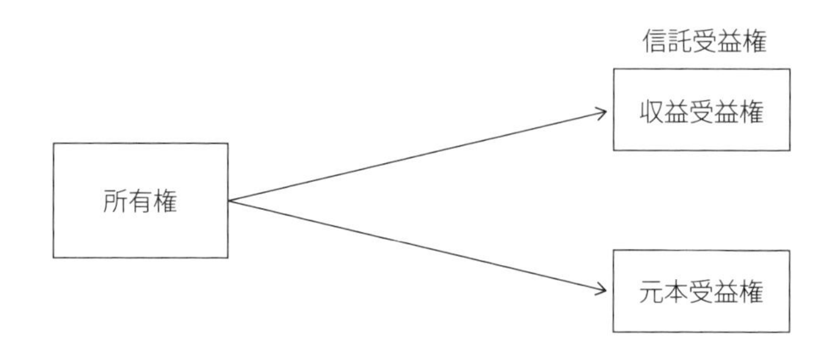

扱っています。

3 家族信託の種類

典型的な家族信託では，登場人物が 3 人存在します。信託財産を持っている委託者，委託者から信託財産を信託譲渡によって取得し，財産の管理処分等の必要行為を行う義務を負う受託者，そして，受託者の行う信託事務によって利益を受けるのが受益者です。以下自分の所有する不動産に賃貸建物を建てることを想定します。

(1) 自益信託

家族信託を考慮する上では，税金関係も重要なポイントです。基本設計として最初は委託者が受益者になるように設計をします。委託者と受益者が同じ場合を自益信託といい，信託の設定時に委託者と受益者が同一の場合には，原則として課税されません。

家族信託においては原則として受益者が信託財産を所有しているとして処理されます。例えば，不動産の場合でも名義が誰なのかは問題にしません。信託から生じる所得，例えば，賃貸不動産の賃料や不動産の売却代金などで，それを受け取る人，受益者は誰かに注目します。すなわち，受益権に課税が行われます。

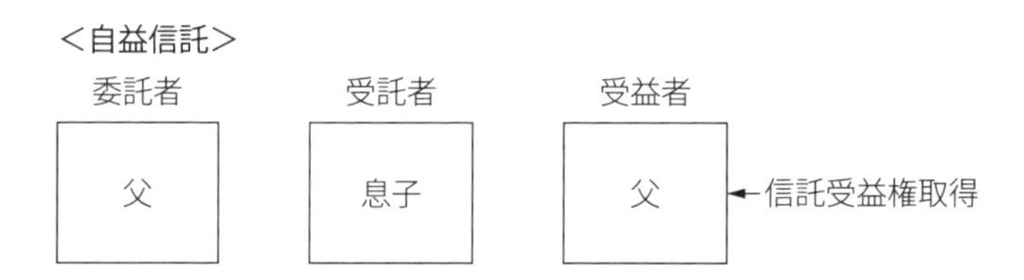

(2) 他益信託

他益信託とは，信託設定時の受益者が委託者と異なる信託をいいます。つまり，委託者と受益者が異なる場合です。この場合には財産は委託者から受益者へと移動されたと考えて，受益者に課税がされるのが原則となります。

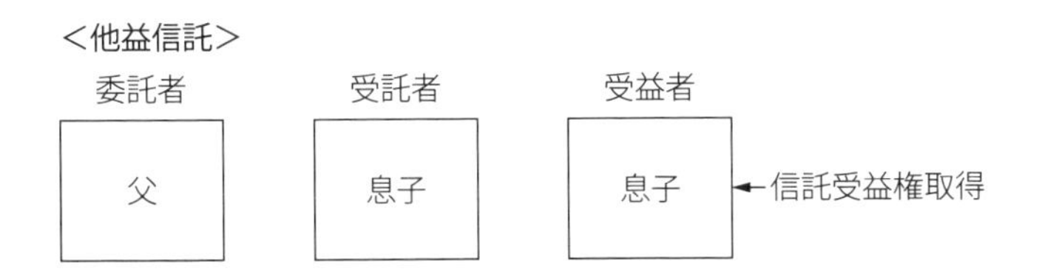

(3) 自己信託

ここまでの家族信託では，自分の財産を他人に託する行為，信託譲渡が前提となっていましたが，自己信託では，「委託者（父）＝受託者（父）」の信託であり，信託譲渡は生じません。あるときから，自分の所有する財産は他人のための所有であると宣言するもので，信託宣言あるいは自己信託といわれます（信託法３③）。

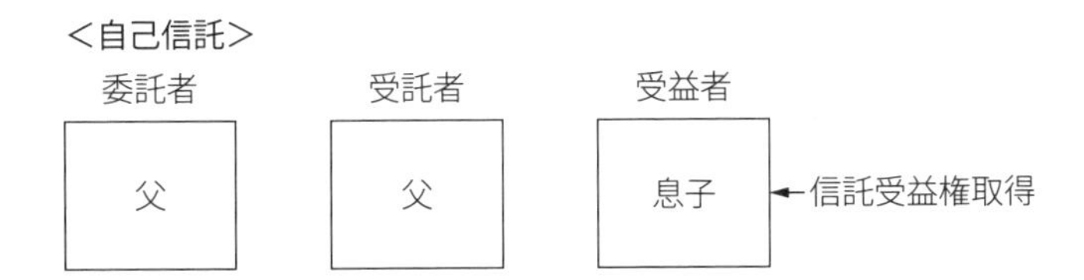

(4) 受託者が個人でも法人税が課せられてしまう家族信託

所得は原則として受益者等に帰属しますが，受託者に所得が帰属して法人税が課せられてしまう信託もあるので，こちらには注意する必要があります。実家などの家族信託では以下の２パターンを避けるべきです。

①受益者等がいない場合

受益者等がいない場合とは，信託期間の全部または一部において受益者等が存在しない場合です。

ペットが可愛いので，自分に何かあった場合のことを考えて財産を信託して，面倒を見てもらいたいという要望が増えています。しかしながら，ペットは受益者にはなり得ません。犬や猫を受益者にしてしまうと受益者が存在しない信託とみなされてしまいます。

受益者が存在する家族信託では，原則として受益者が信託財産を有するものとみなして受益者に課税されますが，受益者がいない場合，受託者が個人でも法人でも会社とみなして法人税の課税がされてしまいますので，家族信託のどのような場面であっても，受益者は必ず存在するように設計する必要があります。

②受益証券を発行する家族信託

会社では株式の株券を発行したり，発行しなかったりと自由に決めますが，家族信託では要注意です。受益権が有価証券化され，多くの人の間を頻繁に流通するとされるような，受益証券を発行する家族信託の場合は，これもまた，受託者が信託財産を有するものとみなされて，個人が受託者でも法人税が課せられます。

4 税務上の受益者等の範囲

いままで「受益者等」と記載をしてきました。受益者とは受益権を有する者をいます（信託法2六)。しかし，税務上の受益者には，受益者としての権利を現に有する者に加えて，受益者と同等の地位を有する者が含められています。所得税法，法人税法では「みなし受益者」相続税法では「特定委託者」が含まれることになります（所法13①・②，法法12①・②，相法9の2①・⑤)。

税務上の受益者＝受益者として権利を有する者＋みなし受益者

特に留意するべきは，相続税法での「特定委託者」です。家族信託に関する権利を有する者（受益者等）には，受益者として権利を現に有する者及び特定委託者とされています。「特定委託者」とは，信託の変更をする権限（信託の目的に反しないことが明らかな変更は除く）を現に有し，かつ，信託財産を受けることとされている受益者以外の者をいいます（相法9の2⑤，相令1の7)。

具体的には，家族信託の変更をする権限を有している次のような委託者及び停止条件が付された信託財産の給付を受けるような権利を有する者をいいます（相法9の2⑤，相令1の7)。

① 信託行為により帰属権利者と指定されている場合

② 信託行為に残余財産受益者もしくは帰属権利者の指定に関する定めがない場合

③ 信託行為の定めにより残余財産受益者等として指定を受けた者のすべてがその権利を放棄した場合

なお，所得税法及び法人税法にも，相続税法上の特定委託者と同様の趣旨の規定が設けられています（所令52③，所基通13-8，法令15①，法基通14-4-8)。また，みなし受益者だから直ちに課税されるかは実質により判断されると解されています（日本税務協会「平成19年版改正税法のすべて」295頁)。

合理的な信託目的に沿った上記のみなしの受益者の要素を十分に検討することが大切と考えます。

5 信託受益権の評価

受益者は，信託設定時に信託受益権を取得したものとされます。その受益者等が取得する信託受益権の評価については，財産評価基本通達202において，(1) 元本と収益との受益者が同一の場合，(2) 元本と収益との受益者が元本及び収益の一部を受ける場合，(3) 元本の受益者と収益の受益者とが異なる場合，に分けて規定されています。

(1) 元本と収益との受益者が同一人である場合においては，この通達に定めるところにより評価した課税時期における信託財産の価額によって評価する。

(2) 元本と収益との受益者が元本及び収益の一部を受ける場合においては，この通達に定めるところにより評価した課税時期における信託財産の価額にその受益割合を乗じて計算した価額によって評価する。

(3) 元本受益権と収益受益権の取得者（受益者）が異なる場合には，それぞれ以下のように計算する。

収益受益権の評価額
　　＝収益受益権者が受け取るであろう将来収益額を現在の価値に割り戻した額の合計額
元本受益権の評価額
　　＝信託財産の評価額 － 収益受益権の評価額

つまり，元本受益権者は，収益受益権者に対する一定期間（信託期間）の負担付き債権（信託受益権）を取得したと考えます。ただし，その収益受益権と元本受益権の評価額の合計額が信託財産の評価額と同額になります。

6 家族信託で課税上留意すること

(1) 原則として自益信託とすること

税務上，注意しなければならないのは，他益信託になると贈与税が課せられるということです。父の財産を友人に信託して，受益者を父以外の家族にした場合，家族に利益が実際に分配されなくても，信託契約をしてしまうと，信託財産すべて一度に課税されます。例えば，自宅を信託する上では，受益者が信託財産を有するとみなされるので，他益信託にすると，実家を一度に贈与したことと同様の贈与税が受益者にかかってしまいます。

また，当初は自益信託で信託設定をしても，家族信託の途中で受益権を贈与して委託者以外が受益権を取得すると，贈与された受益権について贈与税が課せられますので，注意してください。

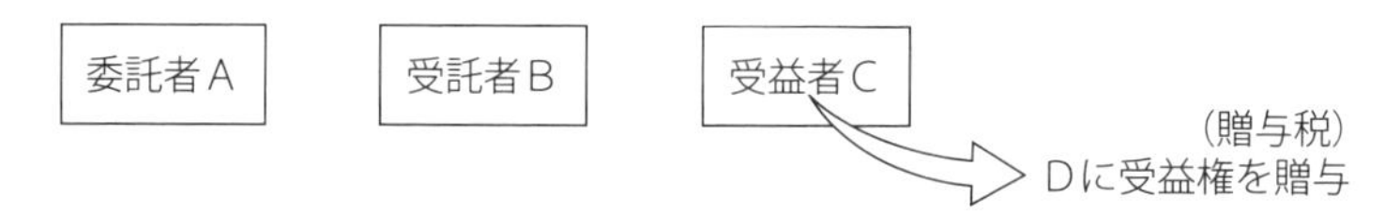

(2) 所得税

受益者等課税信託の受益者におけるその信託に係る各種所得の計算上総収入金額または必要経費に算入する額は，信託に係る収益の分配として受けたものではなく，受益者がその有する権利の内容に応じて有するものとされる信託財産に属する資産並びに負債及び受益者がその有する権利の内容に応じて帰せられるものとされる信託財産に帰せられます（所法 13，所基通 13−3）。

すなわち，受益者が不動産を所有していると考えますので，例えば，受託者における家族信託の計算期間が毎年 3 月末決算であっても，個人では暦年の所得を計算して申告しなければなりません。そこで，家族信託においては，信託の計算期間も 12 月末とすることが実務上の簡略化になります。

この場合，その信託財産に帰せられる収益および費用は，その種類により不動産所得，利子所得，配当所得，雑所得等として取り扱われます。不動産賃貸事業の場合，この信託は賃貸事業を営んでいますので，その収益および費用は不動産所得として取り扱われます。受益者個人が，自身でも不動産の貸付けを行っている場合は，受益者自身の不動産貸付けによる収益および費用と，信託による収益および費用を合計して，その受益者の不動産所得を計算することになります。

(3) 固定資産税の納税義務は受託者になる

信託契約を締結し登記をすると不動産は受託者名義になることから，固定資産税台帳には受託者が記載され，固定資産税の納税通知書は，受託者宛に届くようになります。もし，受託者が固有の財産として不動産を所有していると，固有の財産の固定資産税と信託財産の固定資産税が一緒に請求されてきます。それぞれの税額の明細については書かれていないので，納付は一括でも，受託者で固有財産とわけて計算する必要があります。

(4) 信託不動産の損益通算について

不動産の家族信託の中でも，賃貸物件など不動産所得がある人が信託をするときは，損益通算について注意が必要です。受益者が個人の場合，家族信託から生じた損失は，原則として損失として取り扱われます。しかし，ひとつの信託契約から生じた損失が不動産所得の損失である場合，平成 18 年以後は，不動産所得の計算上なかったものとされます（措法 41 の 4 の 2 ①，措令 26 の 6 の 2 ④）。

したがって，家族信託から生じた不動産所得の損失は，当該家族信託以外からの所得と相殺することはできませんし，翌年以降に繰り越すこともできません。ポイントは不動産に関しては信託契約ごとの損益通算は可能という点です。不動産を複数所有している場合には，家族信託を設計する時点でどの不動産をひとつの契約にするのかを，この先の損益を見通した上で設計しなければなりません。

(5) 借入金の債務が残っていたり敷金保証金を預かっている不動産の留意点

信託財産中の不動産とともに，借入金の債務が残っていたり，負債である預り保証金や借入金（信託財産責任負担債務）が含まれていることがあります。このような信託受益権を贈与するときには，注意するべき点があります。税務ではこのように負債をつけた贈与については，その信託財産を相続税評価額ではなく，時価で評価をして贈与税を算定しなければなりません。

税務上は，信託財産が不動産で債務が同時に移転している場合には，不動産の評価は，「通常の取引価額で」評価することになっています（負担付贈与通達（平元直評5，直資2–204）（平3課資2–49改正））。事例により検証をしてみましょう。

＜委託者（親）の所有する不動産を信託財産とする受益権＞

・不動産時価（通常の取引価額）	1億円
・相続税評価額（いわゆる路線価等）	6,000万円
・借入金の残債務	6,000万円

受託者（息子）に対して信託受益権を贈与した場合には，親子間ですから，相続税評価額6,000万円で同額の借入金も含まれている信託受益権を贈与したもので，贈与税は関係がないように思えます。しかし，税務上はこのように不動産財産と同時に債務を合わせて贈与をしたときには，不動産の評価額は相続税評価額ではなく時価1億円で贈与したものとして，「1億円−6,000万円＝4,000万円」に対して贈与税が課税されてしまいます。

債務が含まれている信託受益権を贈与するときには，十分に留意する必要があります。

(6) 不動産にかけている損害保険の名義変更について

通常，不動産の火災保険や地震保険などは所有者が保険契約をしています。不動産信託を組むと登記上は所有者が受託者へ変更になります。

不動産信託における保険の取扱いは，保険会社に対して次の説明をして，手続きをしなければなりません。

① 信託による名義変更であり，実質的な所有権移転ではないこと

② 保険金請求権は当初の所有者である受益者にあること

7 登録免許税と不動産取得税等について

(1) 信託設定時

不動産の所有者である親が認知症になったり，病気や事故で判断能力が不十分になってしまうことに備える必要性はわかっていても，リスク対策にそれほど費用をかけることはできません。複数の不動産を所有しているケースでは，法人化をして不動産の凍結防止を検討しますが，税負担が大きくなってしまいます。

しかし，家族信託では不動産の名義が変わっても贈与税が課税されません。さらに，不動産名義変更にかかわる税金（流通税）も低額で済みます。

流通税には登録免許税と不動産取得税，印紙税がありますが，それらについて不動産を資産管理会社へ「売却」する場合と「信託」する場合に分けて，例を挙げて詳しくみてみましょう。

＜所有不動産を法人化する場合と信託で移動させる場合＞

①不動産を資産管理会社へ売却する際にかかる流通税

	土　地	建　物
登録免許税	2% （土地は1,000分の1.5，令和3年3月31日まで）	2%
不動産取得税	4% （軽減措置，令和3年3月31日までは3%，宅地は課税標準の2分の1に対して課税）	4% （住宅は令和3年3月31日までは3%，要件を満たせば他にも軽減あり）
印紙税	1,000万円を超え5,000万円以下	2万円
	5,000万円を超え1億円以下	6万円
	1億円を超え5億円以下	10万円

②不動産を法人に信託した際にかかる流通税

	土　地	建　物
登録免許税	0.4% （軽減措置は0.3%，令和3年3月31日まで）	0.4%
不動産取得税	なし	なし
印紙税	200円	

不動産の信託においては，所有権移転登記を申請しても，受益者が信託財産である不動産を所有しているとみなすので，信託の設定における不動産の登録免許税および不動産取得税は非課税になります（登法7①一，地法73の7三）。

不動産オーナーの認知症対策で多額の税金がかかるとなると，対策するには躊躇するかと思いますが，流通税が少額の税金であれば十分に検討できると思われます。

(2) 受益権の移動

信託の受益権は原則として譲渡することができます（信託法93①）。受益権が移動したときは，原則として旧受益者から新受益者へ信託財産の不動産が移動したものとみなされて課税関係が発生します。受益権の移動が贈与によれば贈与税が，譲渡によれば譲渡益が出たときは譲渡益課税がされます。

登録免許税は信託目録に登記を入れるので，不動産1筆につき1,000円になります。また，受益権が移動しても不動産自体は移動しませんので，不動産取得税はかかりません。

(3) 受託者変更の際の登録免許税・不動産取得税

受託者を変更すると，不動産については所有権移転登記を申請しますが，受託者の変更なので，この登録免許税は非課税です（登法7①三）。なお，信託目録の「受託者に関する事項」を変更するので，信託目録の記録事項の変更登記も必要で，登録免許税は不動産1筆につき1,000円です。不動産の名義が変更になっても，不動産取得税も非課税です（地法73の7五）。

(4) 家族信託終了の際の登録免許税・不動産取得税

家族信託を終了させるとき，すなわち信託不動産を通常の不動産に戻す場合の登録免許税や不動産取得税は，信託設定時とは異なり負担額は大きくなるので注意が必要です。

信託終了登記に要する登録免許税は原則2%（登法別表第一，（二）ハ），信託抹消の登記が不動産1筆につき1,000円になります。さらに不動産取得税は原則4%（軽減税率の適用もあります）が課税されます。

ただし，以下の例外があります。

①委託者，受益者に変更がなく所有権を元に戻すとき

「委託者＝受益者」の自益信託で，信託期間中に委託者および受益者に変更がなく，信託終了時に初めの委託者に所有権を戻す場合には登録免許税，不動産取得税ともに非課税になります（登法7①二，地法73の7四）。

②受益者が委託者の相続人のとき

自益信託で，信託設定時から終了まで受益者の変更がなく，信託が終了したときに所有権を取得する人（帰属権利者）が委託者の相続人のときは，相続の登録免許税が適用になることから，登録免許税は0.4%で，不動産取得税は非課税です（登法7②，地法73の7四）。相続開始自以降に信託が終了して，終了時の帰属権利者が相続人であれば，この軽減措置は適用されます。

登録免許税の軽減ができるケースは登録免許税法7条2項により，以下の3要件のいずれもが必要です。

要件1　信託財産を受託者から受益者に移すこと
要件2　当該信託の効力が生じた時から引き続き委託者のみが信託財産の元本の受益者であること
要件3　当該受益者が当該信託の効力が生じた時における委託者の相続人である

最近の国税当局への文書照会事例により適用関係を整理します。登録免許税法7条2項の適用範囲については，2つの事前照会に対する文書回答事例が国税庁ホームページに掲載されています。

①信託契約の終了に伴い受益者が受ける所有権の移転登記に係る登録免許税法第7条第2項の適用関係について（東京国税局平成29年6月22日）

②信託の終了に伴い，受託者兼残余財産帰属権利者が受ける所有権の移転登記に

係る登録免許税法第7条第2項の適用関係について（名古屋国税局平成30年12月18日）

東京国税局の回答事例では，受益者連続型信託に関する事項が特徴的で，委託者の死亡によっても家族信託は継続することとされており，名古屋国税局の照会事例は，委託者の死亡により家族信託は終了して，信託財産は帰属権利者が信託財産を取得するという事例になっています。

両者とも登録免許税は相続による軽減措置が適用されています。税理士もこの要件には留意して信託を設計しなければなりません。

8 その他の税務の特例

信託をしても，信託後の信託財産である自宅等の不動産は，課税法上，受益者が不動産を有しているとみなして考えられるため，要件を満たせば，特別控除の特例や税額軽減の制度を使うことができます。

(1) 居住用財産を譲渡した場合の3,000万円の特別控除の特例

マイホーム（居住用財産）を売ったときは，所有期間の長短に関係なく譲渡所得から最高3,000万円まで控除ができる特例があります。

「居住用財産を譲渡した場合の3,000万円の特別控除の特例」（以下「居住用財産の特例」）です。不動産の譲渡で生じた所得に約20%から30%の所得税および復興特別所得税，住民税がかかりますが，信託ですと受益者が不動産を有しているとみなされるためこの制度が使えることになります。

(2) 相続時における配偶者の税額の軽減

「相続時における配偶者の税額の軽減」とは，被相続人の配偶者が遺産分割や遺贈により実際に取得した正味の遺産額が，次の金額のどちらか多い金額までは配偶者に相続税はかからないという制度です（相法19の2)。

① 1億6千万円

② 配偶者の法定相続分相当額

信託を終了して配偶者に受益権を相続したような場合には配偶者の税額軽減を利

用できます（相法9の2⑥）。

(3) 相続した事業の用や居住の用の宅地等の価額の特例（小規模宅地等の特例）

小規模宅地等の特例（措法69の4）については，法令解釈通達（措通69の4-2）においても，「特例対象宅地等に信託財産に属する宅地等が，相続開始の直前において，被相続人等の事業の用又は居住の用に供されていた宅地等であるものが含まれることに留意する」と記述されています。

(4) 贈与税の配偶者控除

婚姻期間（婚姻の届出のあった日から贈与があった日までの期間）が20年以上の夫婦間において，①国内にある専ら居住の用に供する土地若しくは土地の上に存する権利又は家屋（以下「居住用不動産」といいます）の贈与が行われた場合，②金銭の贈与をし，その金銭で①の居住用不動産を取得した場合で，その贈与を受けた配偶者が①または②の居住用不動産を，翌年3月15日（贈与税の申告期限）までに自己の居住の用に供し，かつその後も引き続いて居住の用に供すると認められる場合は，贈与税の基礎控除（110万円）のほかに2,000万円の特別控除が受けられます（相法21の6）。

受贈配偶者の取得した信託に関する権利でも，当該信託の信託財産に属する土地等又は家屋が居住用不動産に該当するものであれば，上記の居住用不動産に該当します（相基通21の6-9）。

9 受託者が提出すべき書類

受託者には税務署に対して提出しなければならない書類があり，税理士はその業務を任されることがあります。

(1) 受託者が提出しなければならない調書

①受益者別（委託者別）調書の提出が必要な場合

受託者は，以下の事由が生じた場合，受益者別の調書を税務署に提出しなければなりません（相法59③）。

- 信託の効力の発生時
- 信託期間中に受益者を変更したとき
- 信託の終了時
- 権利内容が変更になったとき

②法定調書の提出が不要な場合（相法59③，相規30⑦）

- 信託財産の相続税評価額が50万円以下の場合
- 信託の効力発生時，委託者と受益者が同一である場合
- 信託終了直前の受益者と帰属権利者が同一である場合
- 信託終了時，残余財産がない場合
- 権利の変更があった場合，信託の受益者が変わらない場合

(2) 受託者が提出しなければならない信託の計算書

受託者は，毎年1月31日までに受託者の信託事務を行う営業所等の所在地の所轄税務署長に信託の計算書を提出しなければなりません（所法227）。ただし，各人別の信託財産に帰せられる収益の額が3万円以下となる場合は，信託計算書の提出は不要となります。

受託者が作成しなければならない信託の調書と計算書の例は第2章に詳しく記載がありますので，そちらを参照してください。

第２章

税理士が行う家族信託の検討・設計・運営の実務

<税理士がクライアントの課題を解決するために>

クライアントの税の相談先である税理士は，所得税，法人税や相続税などクライアントの納税のためにその業務を提供しています。税に関わることから，税理士はクライアントに関する様々な情報を取得しています。そのクライアント情報はとても貴重であり，クライアントの課題解決に重要な情報となります。

(1) 高齢となることで生じるクライアントの課題を解決する

今後しばらくの間，日本の最大の課題は人口動態における「超高齢化」です。2025年には人口の18.1％，2055年には26.1％が75歳以上の高齢者になるという厚生労働省の見通しがあります。税理士のクライアントにおいても上記の比率で超高齢化の課題が生じます。税理士のクライアントは中小企業の経営者や地主であるといったことから，税理士のクライアントの超高齢化率は，それより高率になることも想定されます。すでに課題が生じているクライアントとこれから生じる可能性があり対策が必要なクライアントを合計すれば，クライアントのうちの大半を占めることが想定されます。何も対策が施されていなければ，問題課題を抱えたクライアントばかりとなってしまいます。それでよいのでしょうか？

本章は，相続対策や資産管理における「超高齢化」の課題について取り上げます。そしてその課題には，家族信託の活用が有効であることを主要なテーマとして取り上げています。

(2) 家族信託の活用は「検討」「設計」「運営」の3つに分けて対応する

家族信託については，さまざまな方面からその情報や取組事例が伝えられるようにもなってきました。そのため，家族信託の仕組みは，だいたいわかったという税理士が多いと思います。しかし，クライアントそれぞれにどのような家族信託を検討，設計し，そしてその家族信託を運営していったらよいのか？　ということについてはよくわからないし，なかなか実行に移せないという声も多く聞きます。

本章では，クライアントにとって必要であり有効な家族信託の実行に向け，「家族信託の検討」，「家族信託の設計」，「家族信託の運営」とそれぞれ段階に分けて具体的な実務について解説していきます。

<検討と設計の実務のポイントは工程の明確化>

家族信託を検討，設計する実務のポイントはその作業工程にあります。どの段階でどのような作業を行うのか？　その作業を明確にし，工程ごとの作業を漏れなく行っていくことで家族信託の検討と設計を行っていきます。

(1) 作業を明確にすることで他の専門家とも連携しやすくなる

筆者はこれまで多数の家族信託の検討と設計に関わってきました。その経験を基にどの段階でどのような作業を行っていくかを整理し明確にしていきたいと思っています。作業が明確になれば，自身では対応できない作業も明らかになります。その作業を他の専門家に委託し，その専門家と連携して進めることもできます。連携する先はどのような専門能力が必要なのかも明確となります。

(2) 自身が担当する業務と他の専門家が担う業務を決める

クライアントの窓口は，税理士事務所の担当者が務めます。作業工程が明確となっていれば，その担当者がどの役割を担い，担えない役割は誰が担当するかを決めて進めていくこともできます。家族信託の検討，設計を１人ですべて担うことは負荷が高すぎるため，日常業務も数多く行っていかなければならないクライアントの担当者や専門部署の担当者が，単独で進めていくことは難しいでしょう。税理士事務所内で作業を分業したり，外部の専門家と連携したりして人材の総合的な連携で進めていくとよいでしょう。

(3) 工程表を作り共有する

工程を明確にするために，工程のつながり，各者の連携，各工程の作業などの全体像をイメージすると【図 1】のようになります。

クライアントの担当者とその上司である税理士は，家族信託が出来上がるまでの全体像を理解して，全体の工程のうち自身はどの工程のどの作業を担うのか，そしてその作業は誰に連携していくのか下図のような作業工程表を作り共有して進めるとよいでしょう。

【図１　工程のつながり・各者の連携・各工程のイメージ図】

	工程1	工程2	工程3	工程4	信託契約	工程5
内容	現状把握 ニーズの確認	信託の検討	信託契約の作成	チェック 法務 税務 財産の管理	信託開始	受託者の支援
担当	税理士事務所 クライアント担当者	税理士 ↕連携 弁護士 司法書士 行政書士 FP 不動産業者	弁護士 司法書士 行政書士	税理士 弁護士 司法書士 行政書士 FP 不動産業者		税理士 不動産業者 など

＜家族信託の運営のポイントはチェックシート＞

(1) 受託者は信託の事務を実行する義務がある

クライアントニーズに応じた家族信託は，信託開始以降，長期間にわたって続きます。信託が終了するまでの信託期間中，受託者は信託契約の定めや信託法に従って信託事務を実行し続けなければなりません。

(2) 受託者が行うことを具体的にしてチェックシートを作成

信託契約には受託者の信託事務についての定めがありますが，信託事務を実行する家族の受託者は信託契約を読んだだけでは具体的な作業項目までわかりません。そのため，家族信託を検討し設計した税理士は受託者が「何をしなければならないか」といった作業項目を明確にする必要があります。「いつ」，「どのような作業」を行うか，家族信託の設計者は，その作業チェックシートを作成し，受託者と共有し，家族信託の運営をサポートし続けていくことが欠かせません。

第１節　家族信託の検討

税理士のクライアントにおいて，相続対策や資産管理のニーズは様々であり，各クライアントの状況に応じ個々に異なります。クライアントは，将来，いずれかの時期に対策を講じる必要が出てくることは感じていますが，どのような対策を実施すればよいのかを税理士に聞いてくるクライアントは，自身に喫緊の課題が生じている以外では少数でしょう。

税理士のクライアントの超高齢化はもう訪れています。誰もが認知症になるとは限りませんが，認知症となってしまったら，クライアントの相続や資産管理への対策は実施することができなくなります。リスク管理とリスクヘッジの観点からも，一定の年齢を超えたクライアントに相続や資産管理対策における家族信託の効果を説明し提案していくことは，今後，税理士に求められる役割となっていくことと思われます。

高齢となったクライアントについて，そのクライアントの「情報を収集」し，その情報から明らかとなった課題について「家族信託を提案」します。その提案を受け，具体的に家族信託の検討を進めていきたいというクライアントに対して，最終的に信託の設定ができるようさらに先の作業へと工程を進めていきます（【図２】参照）。

【図２　家族信託を検討する工程】

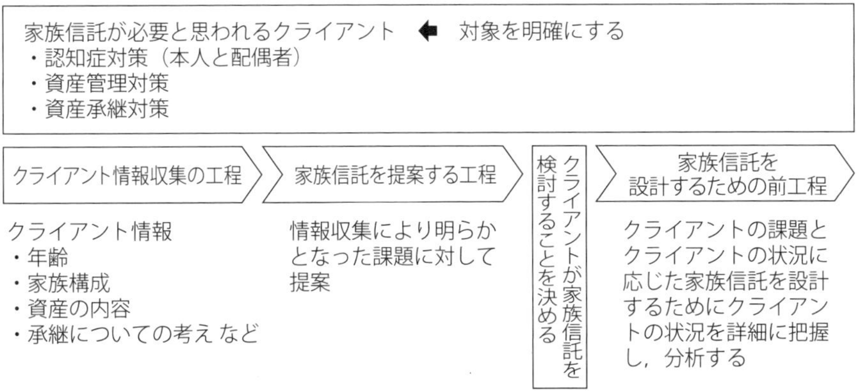

家族信託が必要と思われるクライアント　⬅　対象を明確にする
・認知症対策（本人と配偶者）
・資産管理対策
・資産承継対策

クライアント情報収集の工程	家族信託を提案する工程	クライアントが家族信託を検討することを決める	家族信託を設計するための前工程
クライアント情報 ・年齢 ・家族構成 ・資産の内容 ・承継についての考え など	情報収集により明らかとなった課題に対して提案		クライアントの課題とクライアントの状況に応じた家族信託を設計するためにクライアントの状況を詳細に把握し，分析する

家族信託が必要なクライアントを明確にする工程

(1) 認知症対策が必要と思われるクライアント

①一定の年齢を超えたら認知症対策の検討は必須

2025年には，65歳以上の高齢者の認知症の有病率は約20％，5人に1人は認知症になるといわれています。年齢を増すとその割合は高くなり，85歳以上の高齢者のその割合をみると，男性は約5割，女性は約6割の方が認知症になるともいわれています（「日本における認知症と高齢者人口の将来推計に関する研究」（平成26年厚生労働科学研究費補助金特別事業研究　九州大学二宮教授）。

人生100年時代，必ずしも誰もが認知症となるとは限りませんが，認知症への備えとして，高齢となるクライアントの資産管理の対策の検討とその実施の必要があります。

一定の年齢，例えば75歳を過ぎた地主や会社オーナーには，認知症対策としての資産管理の検討が必要であり，その方法のひとつとして家族信託の活用があることを提案していきます。

②本人と配偶者の認知症対策が必要

認知症対策は本人のみにとどまらずその配偶者と両者について検討する必要があります。

相続時に課税が生じそうな規模で資産を所有する本人の相続では，相続税の負担を減らすために，相続税の配偶者控除を利用し，その資産の半分または半分近くを配偶者に相続することが多いと思います。

配偶者に相続する資産が，他者に賃貸する収益不動産や議決権の行使が必要な自社株式の場合，今よりさらに高齢となる配偶者が認知症を罹患していたら，その資産を配偶者自身が管理することができません。そのため，配偶者に引き継がれる本人の資産について，本人と配偶者の認知症対策としての資産管理の方法を検討することが必要です。

③高齢な地主や会社オーナーには相続税の試算と家族信託を提案する

相続が発生した時の備えとして，地主や会社オーナーの相続税シミュレーションを作成することは多いと思います。さらに，一次相続と二次相続での合計税額が少なくなるような，一次相続での配偶者の相続割合をシミュレーションすることも多いでしょう。

相続税のシミュレーションに加えて，試算した最適な割合を満たすには，配偶者にどの資産を相続するかについて具体的に考えていきましょう。

税のシミュレーションとともに，本人から配偶者へと引き継ぐ予定の資産の中で，継続的に管理が必要なものがある場合，相続税シミュレーションに加えて家族信託の検討の提案を併せて行うことが必要です。

(2) 継続的に管理が必要な資産を所有するクライアント

①収益不動産等を所有するクライアント

自宅や遊休地以外，他者に賃貸し収益を得ている収益不動産は様々な判断が必要です。建物は，家賃の減少や空室となることを防ぐため，その価値の維持に定期的な修繕等を行います。よりよい条件で賃貸できるよう賃借人と交渉し賃貸借契約を締結します。不動産の相場によって，所有しているものを売り，売却益を得ることや割安な物件を取得することもあります。

収益不動産を所有するクライアントは，上記のような行動について判断することが必要です。認知症となってしまい，その判断ができない人が所有していると，その不動産の価値を活かし続けることができません。また，何もできないことから資産の価値が減り収益力が落ちることもあります。収益力が落ちると，債務の返済に支障をきたすことにもなります。

②相続で管理が不慣れな者が引き継ぐ場合

不動産を相続で承継したが，そもそも不動産の管理や運用をしたことがない配偶者や遠方に住んでいるため管理や運用について細やかな対応ができない子供たちには，不動産管理・運用の方法のひとつとして家族信託の活用が有効です。

(3) 資産の承継に課題があるクライアント

①相続時に特定の資産を特定の者に承継したいと考えているクライアント

家族信託は，資産を承継する手段としても活用できます。例えば，所有する不動産のうち特定の不動産を特定の相続人に承継したいと考えている資産家には，家族信託の活用が有効です。

特定の不動産を特定の者へと相続したい場合，その不動産の所有者は遺言を作成しその不動産についての承継の意思を残すことが多いでしょう。特定の者へと相続させたい不動産を信託財産として信託することで，遺言と同様にその不動産を特定の者に相続させることができます。

不動産の所有者が受益者となり，その受益者が亡くなることを信託の終了事由とし，信託が終了したときの信託財産の帰属先（信託財産を帰す先）を特定の者（例えば長男といった特定の子供）に指定する信託を設定します。このような信託の設定で，不動産の承継について遺言と同様の承継ができます。

家族信託は，信託開始以降，信託が終了するまでの間，受託者が信託財産となる不動産を管理するので，その不動産は受託者の管理により修繕などされたよい状態で承継することができ，その点は遺言よりも優れているといえます。遺言では，遺言者が認知症となってしまった場合，遺言以外に任意後見などの準備を予めしていなければ，その不動産の修繕が難しいでしょう。家族信託に比べ手入れのされていない不動産を承継することになってしまいます。資産額が大きな特定の資産を信託により承継することで，他の相続人の遺留分を侵害することが考えられる場合，他の相続人の遺留分への配慮が必要です。

不動産に限らず，会社オーナーが所有する自社株を後継者に承継したいと考えているクライアントにも，自社株を信託財産として，後継者に速やかに自社株を承継する目的の家族信託を提案するとよいでしょう。

②共有資産を有しているまたは相続で共有となる資産を有するクライアント

信託には，複数になっているものをひとつにまとめて管理するという機能もあります。例えば，家族で共有する不動産を信託すると，所有者は複数の家族から受託者のみとなります。共有不動産を処分するとき，共有者の意見を一致させる必要がありますが，信託することで，共有不動産の処分は受託者が単独で行うことができます。

例えば，父の相続で，母と子供たちが共有で相続した不動産では，今後，母が認知症となり意思を行使することができなくなると，その不動産の処分ができなくなります。母と子供たちがそれぞれ委託者となり（受益者も母と子供たち），子供たちのうち誰かが受託者を務めるような信託を設定すれば，受託者が単独でその不動産の管理・処分を行うことができます。信託したのち，母が認知症となってしまっても受託者が不動産の管理・処分を行うため，不動産の管理・処分に影響が生じません。

また，資産家の所有する不動産を信託し，その資産家が亡くなるまでは資産家が受益者，資産家が亡くなった後は，その相続人が受益者となるような仕組みとすることで，不動産の共有を防ぐことができます。信託は複数の者を受益者とすることができるため，信託財産の管理は受託者が単独で行い，収益を複数の受益者がその有する割合で得ることができます。ただしこの場合，信託が終了するときに信託財産を共有としないような出口対策について，信託を設定するときに検討しておく必要があります。

相続で共有問題が生じそうなクライアントに信託を提案することも大切な相続対策のひとつとなります。

【図3　信託のまとめる機能と分ける機能】

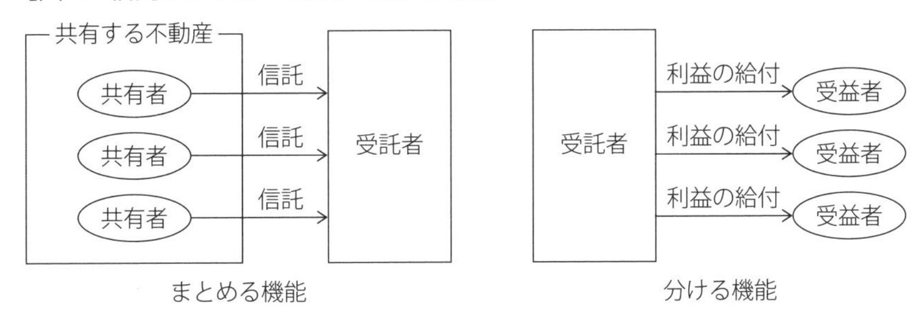

2 家族信託が必要なクライアントを選び出すためにクライアント基礎情報を収集する工程

税理士がクライアントに家族信託を提案するためには，家族信託が必要と思われるクライアントを選び出せるようあらかじめ情報収集をする準備が必要です。システムを作るような大掛かりなものではなくても，クライアントのデータを蓄積し，税理士事務所の職員も共有できるような仕組みができるとよいでしょう。

まずはクライアントの基礎情報を収集し，税理士に加えて，事務所の職員がクライアントに関する基礎情報とクライアントが所有する資産情報を共有できる仕組みづくりを目指すとよいでしょう。

(1) クライアント情報を整備する

①クライアントに関する基礎情報

税理士事務所において，クライアント基礎情報として，以下の項目をまず取得し蓄積していきます。

- □ 年齢（クライアント本人，その配偶者，できれば子供たちも）
- □ 家族構成（クライアントから２世代下まで把握できるとよりよい）
- □ 家族の職業
- □ 後継者またはその候補
- □ クライアントの希望・課題・懸念すること

上記の基礎情報のうち，年齢を把握できれば，まずは認知症対策が必要なクライアントを抽出することが可能になります。認知症対策は一定の年齢に達しているクライアントには皆必要な対策です。

基礎情報として位置づけていない情報についても，今後追加し蓄積できる仕組みができるとよいと思います。

よく見かける事例として，税理士事務所のクライアント担当者は基礎情報を把握しているものの，事務所の他の職員が対策を検討しようとする際，クライアント基礎情報を担当者から聞き出さないとわからないといったことがあります。クライアント担当者が，事務所の誰よりもクライアントについて知っていることは当然であり，またそうあるべきですが，相続や事業承継対策を検討するセクションが他にあ

【図４　クライアントに関する基礎情報】

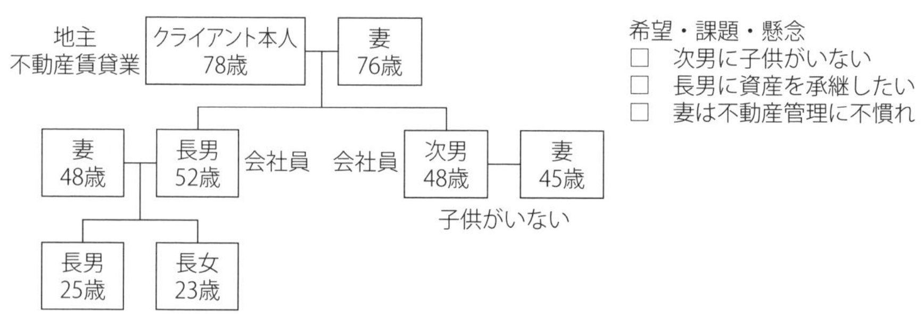

り，そのセクションで対策を検討するような事務所では，より情報の共有化が必要です。

②クライアントが所有する資産情報

クライアントが所有している資産を把握し，一覧できるような仕組みを目指して整備していきます。

<不動産に関する情報>
- □ 物件に関する情報（所在地，地積，現況など）
- □ 物件の評価額（固定資産税評価額，相続税評価額）

不動産に関する情報は，クライアントの固定資産税・都市計画税の課税明細書からデータを取得するのがよいでしょう。課税証明書に記載されている情報を転記することで，物件とその評価額のデータが把握できます。相続税を検討する場合，相続税評価額を算出していく必要がありますが，家族信託を検討していく場合，まずは固定資産税評価額を把握しデータとして蓄積することを目指します。

<自社株に関する情報>
- □ 株主とその持株数
- □ 株価（相続税評価額または純資産額）

株主に関する情報は，会社の株主名簿を確認します。株価は，相続対策のためにすでに相続税評価額が算出されているようであれば，その価額を蓄積します。その時点でまだ相続税評価額を試算していないようであれば，純資産額を確認し，まずは純資産額でデータを蓄積してもよいでしょう。

基礎データとして取得したクライアントの年齢が高く，株式の相続税評価額を算出していないクライアントは，相続税，資産承継，資産管理などの対策を提案していない可能性が高いので，早急に提案のためのデータ取得を急ぐ必要があるというアラームが鳴っているクライアントです。

預金や有価証券については，その額は変動するので正しくデータを把握することは難しいかもしれません。まずは大まかなデータでよいでしょう。クライアントにヒアリングし，それをデータとして蓄積します。もちろんヒアリングで詳細なデータが把握できればよりよいので，クライアント担当者は詳細なデータ取得を目指します。

【図5 クライアントの資産に関する情報】

□クライアントA
資産情報
1. 不動産

①相続税評価算出状況	未				
②所有する物件の情報	所在地	種類	地目	固定資産税評価額	相続税評価額
		土地	宅地	○○○○円	
		土地	田	○○○○円	
		建物		○○○○円	

2. 有価証券

①自社株	○○○○円 （相続税評価額・純資産額）		
②金融資産		時価	データ取得日
	株式	○○○○円	○年○月○日
	投資信託	○○○○円	○年○月○日

③クライアントの相続・資産承継に関する考え

このデータの把握が一番難しいでしょう。クライアントの想いを聴き出している担当者は意外に少ないものです。クライアントの心情に深く関わることなので，あえて聞くことを遠ざけていることもあるでしょう。

しかし，クライアントが何も準備していなければ，相続が発生した時に税や承継の問題で困る可能性が高くなります。その問題発生を防ぐためにも，クライアントを守るという使命を感じヒアリングしていくことも必要です。

現時点で資産の承継についてどのように考えているのか，簡単に聞くことから始めるとよいでしょう。

クライアントへの質問：相続・資産承継について現時点で何かお考えですか？
その質問への答え
□ 聞いてみたが知らせてくれない（適当にはぐらかされてしまう）
□ 現時点でまだ何も考えていない
□ 考えているがなかなか決まらない，迷っている
□ 決定している

クライアントに質問した結果について上記の4項目のいずれかをデータとして記録します。

知らせてくれない場合，聴いた担当者が，そのクライアントにとって一番の相談先となっていないかもしれません。何も考えていないなら，担当者が考えるきっかけ作りをするのがよいでしょう。

クライアントが，高齢である，管理が必要な資産を所有している，承継に課題があるといったことが基礎情報よりわかれば，課題と思われることをクライアントに伝え，これから一緒に検討していきましょうと，まず声をかけることから始めていきます。

クライアントの心情に関わるデータの取得は，クライアントの懐に飛び込んで本音を聴き出すことが必要です。クライアントの本音をよりたくさん聴き出すことができれば，より有効な方法を提案することができます。本音を聴き出すことは，「クライアントのため」，「クライアントが将来困ったことにならないため」と事務所の担当者が思うことができれば，クライアントに聴くことへの遠慮が少なくなるでしょう。

(2) 自社クライアント以外へのアプローチ

①地域で一番はじめに相談される事務所となる

まずは，事務所のクライアントの相続対策，資産管理・承継対策を行うことが必要です。そしてさらに事務所があるその地域の人々の相続・資産承継や資産管理における一番目の相談先となることを目指しましょう。

地域で一番目の相談先となるには，地域に情報発信し，「この事務所が相談窓口となりますよ」といったことを地域の人々に認知してもらうことが必要です。

地域の人々に認知してもらうためには，単独で活動を行うのではなく，他者との連携も必要です。

②不動産管理会社と連携する

例えば，その地域において業歴の長い不動産管理会社と連携したセミナーがあります。長く地域に根差して営業してきた不動産管理会社は，その営業員がお客様と密接にコンタクトをとっています。どの不動産のオーナーが一定の年齢を超えている（例えば75歳）といった情報も把握していることでしょう。そういった不動産管理会社が把握している情報を基に，その不動産管理会社と連携して，一定の年齢を超えた不動産オーナーを対象に認知症対策に必要なことをテーマとしたセミナーを開催し，地域に情報発信を行っていきます。セミナーは1回だけではなく継続的に行うことが必要です。また，そのセミナーは不動産オーナーとその子供たちが一緒に参加できる企画を考えるとよいでしょう。不動産管理会社の営業員は，現オーナーとは密接な関係でも，その子供たちとは疎遠といったことがあります。将来も管理を任せてもらえるために，親子で参加できる企画は不動産管理会社にもメリットのある企画です。

事務所のクライアントに提案する際に使うツールをその不動産管理会社と共有し，その不動産管理会社の顧客に情報を届けてもらう方法もあります。自社のクライアント情報を整備したように，不動産管理会社のクライアント情報の整備を支援することもできます。

③資産承継と税についてトータルに対応する税理士

不動産管理会社や地域の金融機関との連携は，今後一層必要です。不動産管理会社や金融機関は，相続税対策としてのセミナーはこれまで数多く開催していますが，資産の管理やその承継方法を考える機会や情報を提供するセミナーはまだ少なく，家族信託や後見制度などについてわかりやすく伝えることができると，自社クライアント以外のお客様にも家族信託を提案していくことが可能となります。

また家族信託の仕組みを作ることは，必ず資産の承継にも関わることとなり，相続税の試算や税対策の検討も必要となります。承継と税をトータルで検討できる税理士は，対策が必要な高齢な不動産オーナーにとって信頼できる相談先となります。

3 家族信託を提案する工程

クライアントのデータを取得し整備することができれば，税理士は，クライアントの中から，家族信託の活用が必要と思われるクライアントを選び出すことができます。ここでは，家族信託が必要と思われるクライアントへの提案について説明していきます。

提案は，クライアントの課題を解決するものでなければなりません。課題を解決するにはなぜ家族信託が必要かをクライアントに伝え，提案していきます。

(1) 収益不動産を所有するクライアントの認知症対策としての信託の提案

収益不動産の所有者は，継続的に下記の活動を行っています。認知症を罹患することで継続的な活動ができなくなれば，クライアントが所有する不動産の収益力は下がってしまいます。所有する不動産の価値を維持し，魅力ある不動産のまま次の世代へと承継したいものですが，所有者が認知症となることでそれも実現できなくなります。

＜収益不動産の所有者が継続的に行っていること＞

□　不動産の収益を維持するために不動産を定期的に修繕する

□　不動産を他者に賃貸する

□　得た不動産の収益を管理し，不動産の価値を維持するために支出する。残りは自身のために利用するまたは新たな資産を取得するために使う

上記の活動は，一定のルールのもとに判断しその活動を行っていく必要があります。そのため，不動産の所有者は一定のレベル以上の判断能力が常に必要です。高齢となり認知・判断能力が低下すると，不動産の管理は難しくなります。

2020年4月から施行された改正民法では，「意思能力のない者が行った法律行為は無効」（民法3の2）と定められました。そのため，今後は，契約の相手側である

【図6　収益不動産の所有者が継続的に行っていることのリスト】

管理	① 建物の保守
	② 賃貸人の退去時の清掃・修理
	③ 賃貸借契約の締結
	④ ①～③を管理会社に委記する管理契約の締結
	⑤ 保証金・敷金の管理
修繕	① 建物・設備の修繕
	② 業者との契約
	③ 修繕積立と積立金の管理
処分	① 所有する収益不動産の売却の検討
	② 新たに不動産を購入
	③ 新たに建物を建築する

賃借人や修繕や建築の請負人は，認知症となり意志能力を失った所有者との契約ができなくなります。

クライアントが【図6】のようなことを行うことができなくなるリスクを排除するために，家族信託の活用を税理士はクライアントに提案していきます。

税理士が，収益不動産を所有する高齢なクライアントに家族信託の必要性を提案するポイントは以下の通りです。

①収益を維持するための不動産を管理する

経年により建物は劣化していきます。劣化する建物の保守，修繕や付属設備の交換など（以下，修繕等といいます）は一定の期間が経過するごとに実施する必要があります。建物の価値を維持し，収益を維持するために修繕等を行っていきます。修繕等の実施者は不動産所有者です。不動産所有者が修繕等を行う業者と契約しますが，その契約者が意思能力のない者では契約の締結ができません。家族信託を活用して受託者が，修繕等を行い建物の価値を保ち収益を維持することの必要性を提案します。

②賃貸借契約を結ぶ

新たな賃借人との賃貸借契約や契約の更新など，継続的に賃貸借契約の締結は発生します。認知症となり契約の締結ができなくなることを防ぐため，家族信託を活用し，受託者が賃貸借契約を行えるようにしていきます。収益不動産の所有者が認知症となることで収益不動産が空室になることを防ぐことができます。

賃貸借契約は，委託契約をすることで，家族に賃貸借契約を任せることも可能なため，賃貸借契約のみのために信託を活用する必要性は低いかもしれませんが，賃貸借をする不動産については，さまざまな管理業務が必要となり，信託活用は有効な方法です。

③不動産賃貸で得た収益を管理する

賃貸することで得る収益を管理する必要があります。収益不動産の価値の維持や管理のための費用を得た収益から賄わなくてはなりません。収益不動産の所有者は，費用等を差し引いた残りを自身の生活や療養の費用として使います。家族信託の活用でそのような収益管理も受託者が行うことができます。

収益管理において計画的に修繕等を実施するために修繕積立をすることは重要です。修繕積立は，一定のルールのもとで継続的に確実に行わないと将来の修繕が実施できません。意思能力がある家族信託の受託者が，信託財産の管理ルールに従い継続的に確実に信託財産の収益を管理していくことを提案します。

④所有する土地を有効活用する

所有する土地を有効活用するためには，さまざまな検討が必要です。検討期間も長くなります。多数の業者と打ち合わせをし，その業者の提案も比較しなければなりません。土地の上に新たな建物を建築する場合，その建築資金の調達も必要です。資金調達のため金融機関と融資条件を交渉することもあります。

家族信託を活用し，受託者に土地の有効活用を任せることも可能です。

上記のポイントから，クライアントである地主や不動産オーナーが必要とするポイントを抽出して，家族信託の活用を提案していきます。

(2) 売却予定の不動産を所有するクライアントへの提案

所有する不動産の売却を検討しているクライアントもいるでしょう。売却の意思をクライアントから聴き出すことは難しいかと思われますが，下記のような状況では信託を活用した不動産の売却を検討する必要があります。

＜将来売却が必要となるかもしれない不動産＞

- □　所有者が高齢となり，不動産賃貸経営を継ぐ後継者が不在
- □　金融資産が少なく将来クライアントが療養施設へ入所する資金などが不足する
- □　相続税の納税資金の準備に不動産の売却が必要だが，配偶者の意思能力がすでに弱くなっている
- □　高齢なクライアントが将来的に不動産価格の上昇が見込めない不動産を所有している

不動産を今すぐ売却して現金に替えなければならないといった喫緊のニーズがなくても，地主や資産家が上記のような不動産を有している場合，不動産を売却できるよう準備をしておくことが重要です。売るならば，より高い価格で所有する不動産を売りたいと思うのは当然です。しかし，マーケットの環境がよくないときには，マーケットが回復するのを待って売却するのがよいでしょう。所有者が高齢の場合，

マーケットの回復を待つ間に所有者本人の意思能力が低下することの心配があります。

クライアントが所有する不動産を将来有利に売却できるよう家族信託を活用することの提案のポイントは以下の通りです。

①売却の判断を受託者に任せる

クライアントが施設の入所や療養にあてる費用が必要となったとき，不動産の売却が必要となるときがあります。施設入所のため，まとまった資金が必要でも，本人が認知症となっていては不動産を売却することができません。また，より高い値段で売却したくても，市場の環境や不動産の個別の事情でなかなか希望通りの価格での売却が難しいこともあります。クライアントが意思能力のあるうちに売却が必要となりそうな不動産を信託し，受託者に売却を任せることとすれば，将来の売却時に受託者が判断することができます。

②不動産を相続した配偶者が意思能力低下により不動産を売却することが不可能となることを防ぐ

必要に応じて相続した不動産を売却することがあります。意思能力に問題がない子供が不動産を引き継ぎその不動産を売却するなら問題ないのですが，配偶者控除の利用などの理由により配偶者が相続した不動産を売却する場合，配偶者の意思能力の低下により，不動産を売却できなくなる可能性があります。クライアントの相続において配偶者が相続する予定の不動産を信託財産として受託者が配偶者に代わり売却できるようにしておきます。

③相続税の課題と不動産の価値を踏まえた不動産売却への対応

時価と相続税評価額との間に大きな乖離がある不動産では，相続が発生する前に不動産を売却すると相続税納税額が多くなることがあります。一方，納税資金が不足することにより，相続発生後，納税までの間に不動産を売却することは，売却を急ぐあまりその不動産の本来の価値以下で売却してしまうことにもなります。

家族信託を活用することで，受託者が，よりよい条件で不動産の売却の判断を行えるようにします。クライアントの相続対策（遺産の分割，納税資金の確保，計画的な相続税の対策，よりよい状況で相続人に資産を承継させることなど）の一環として家族信託の利用も併せて総合的に提案できる者は税理士が適任です。

上記の視点から，クライアントである地主や不動産オーナーに必要なポイントを抽出して，家族信託の活用を提案していきます。

(3) 共有不動産を有するクライアントへの提案

相続時の遺産分割では，不動産を共有するような遺産分割を避けるのがセオリーです。しかし，やむを得ず共有で遺産分割することもあり複数の者で共有している不動産は多数あります。

不動産の共有では下記の問題が生じます。

＜不動産を共有することの問題点＞ □　共有者の中で高齢となり本人の意思行使ができなくなってしまう者がいると，共有者の意見の一致ができず，不動産の処分ができなくなる □　共有する者に相続が発生した場合，さらに共有者が増える可能性がある

すでに共有となっている不動産の問題を解消するために，家族信託の活用を提案していきます。また，相続発生により，相続人で不動産を共有する可能性がある不動産にも，遺産の承継方法のひとつとして家族信託活用の提案を行っていきます。

不動産共有防止の対策として家族信託を活用することの提案のポイントは以下の通りです。

①現在共有となっている不動産の管理・処分を受託者が単独で行う

共有者がそれぞれ委託者かつ受益者となる信託を提案します。信託により信託財産の所有者は受託者１人となります。

受託者は共有者との間で定めた信託契約に従って，信託財産である不動産の管理・処分を単独で行います。信託前に共有者であった者は，信託後，信託財産の管理・処分は受託者に任せ，信託前の共有割合のまま不動産の収益を得ることができます。共有者のいずれかが認知症となり，共有不動産の管理・処分に滞りが生じることもなく共有していた不動産の管理・処分が安定します。

信託は，複数のものをひとつにまとめられることが有効な機能のひとつです。不動産の管理者を単独とすることで，管理や処分が速やかに進むようなケースがあり，そのような場合，信託の活用は有効です。

②将来，相続が発生したときの遺産分割で共有となりそうな不動産について受託者が単独で管理・処分する

父の相続の際，母と子供たちで共有するような相続が想定される場合，相続発生前に子供が受託者となる家族信託を設定します。母は高齢なため自身の意思行使ができなくなることも考えられ，相続後，相続する不動産の管理・処分に問題が生じる可能性があります。

父の意識がしっかりしている間に父の所有する不動産について信託を設定し，相続発生までの間は，受託者は父のための不動産を管理・処分し，父の相続が発生した際には，次の受益者を母（配偶者）と子供たちとする複数受益者の信託とし，信託財産の管理は相続発生前も相続発生後も継続して受託者が単独で行うようにします。

受益者は受益の割合に応じて信託財産の収益を得ることができますが，管理・処分は受託者に一本化されており，共有の問題は生じません（信託が継続している間は問題が生じませんが，信託が終了したときにその資産が誰に帰属するかの出口対策は必要です)。

不動産を共有する形で遺産分割すれば，高齢な母が意思行使できなくなることで

【図7　メリットを伝える提案書】

提案書

家族信託のご検討のおすすめ

収益不動産を所有する○○○○様，家族信託は以下の点で有効であり，活用することの検討をおすすめします

今後，年齢を重ねることで手間となる収益不動産の管理に家族信託は有効です。

お子様との家族信託契約により，下記のことをお子様に任せ，収益不動産の価値の維持と承継ができます。

□　賃貸借契約
□　建物の修繕と計画的な修繕積立
□　不動産の売却が必要となったときの売却
□　相続で配偶者に引き継ぎたいと考えている不動産を管理する
□　土地の有効活用

その不動産の管理・処分に課題が生じますが，信託を活用することでその課題への対策とすることができます。

③相続時の遺産の分割を踏まえ資産を共有とせずに不動産の収益を受益者として得られる仕組みができる

遺留分や納税資金のことから不動産を共有とせざるを得ないことがありますが，信託を活用することでやむを得ない共有を回避することができます。税理士が関与して信託の仕組みを検討することで納税資金や遺留分の対策を踏まえた資産の管理・承継の仕組みとすることができます。

この信託については，終了時に誰に信託財産を返還するのか，といった課題があります。その課題について信託設定時にしっかり検討して信託を導入していくことが必要です。出口対策のない信託は将来に問題を先おくりするだけであり，根本的な対策とはならないため要注意です。

4 家族信託を設計するための前工程

クライアントに信託活用のニーズがあり，それに対して家族信託の提案を行った結果，クライアントが家族信託に取り組みたいとなったとき，いよいよ具体的に信託の設計を進めていくこととなります。

この項では，クライアントのニーズに応じた家族信託の設計に欠くことができない重要な前工程について説明します。

(1) 信託する資産と信託しない資産を選別

信託を設計する際の重要なポイントは，「所有者のすべての資産を信託しないで，信託する資産を選ぶ」ということです。

所有者のニーズもあり完全に否定することはできませんが，委託者となる者のすべての資産を信託することは控えた方がよいでしょう。

家族信託の設計では，「何のために信託を活用するのか」ということを常に考え検討し設計していく必要があります。

高齢の父が，駅前にある商業用ビルを管理することが難しくなったから長男を受託者として商業用ビルの管理・処分を長男に任せたいという場合，信託財産は商業用ビルとなります。自宅近くにある賃貸用マンションの収益を当面の間本人が得ていきたいが，本人が亡くなった後は配偶者がその収益を得られるようにし，そして配偶者が亡くなったら後継者である次男に引き継ぐようにすることが目的なら，賃貸用マンションを信託財産としてその管理と承継を行っていきます。

所有者の課題はどの資産なのか？　所有者の課題は資産の管理なのか？　資産の承継なのか？　それをよく把握し，所有者の資産のうち「信託する資産」と「信託しない資産」をまず区別していくことが必要です。

実務の順序としては，まず所有者のすべての資産を提示してもらい，資産一覧表を作成します。そして，その一覧表から「信託しない資産」を抜き出していきます。

不動産については，固定資産税・都市計画税の課税明細書をクライアントにあらかじめ用意してもらい，そして，所有するすべての不動産について，土地・建物の所在地，現況，固定資産税評価額，抵当権設定の有無を一覧表に記入していきます。なぜ信託しないかもしれない不動産まですべての情報を取得するのかという疑問があるかもしれません。その理由は後段で説明します。

【図8　資産一覧表のイメージ】

○○○○様が所有する財産の一覧表（自宅除く）

<table>
<tr><th>区分</th><th>番号</th><th>所在地番</th><th>資産</th><th>現況地目・建築年・構造・種類</th><th>固定資産税評価額</th><th>抵当権設定の有無</th></tr>
<tr><td rowspan="5">不動産</td><td>1</td><td>＊＊県＊＊市＊＊＊　○丁目○番地○</td><td>土地</td><td>宅地</td><td>43,060,777 円</td><td>有</td></tr>
<tr><td>2</td><td>＊＊県＊＊市＊＊＊　○丁目○番地○</td><td>土地</td><td>宅地</td><td>28,566,442 円</td><td>有</td></tr>
<tr><td>3</td><td>＊＊県＊＊市＊＊＊　○丁目○番地○</td><td>土地</td><td>雑種地</td><td>14,003,404 円</td><td>無</td></tr>
<tr><td>4</td><td>＊＊県＊＊市＊＊＊　○丁目○番地○</td><td>建物</td><td>○年，軽量鉄骨造スレート葺2階建・共同住宅</td><td>15,125,000 円</td><td>有</td></tr>
<tr><td>5</td><td>＊＊県＊＊市＊＊＊　○丁目○番地○</td><td>建物</td><td>○年，鉄骨造陸屋根2階建て・店舗</td><td>30,340,450 円</td><td>有</td></tr>
<tr><td rowspan="3">預金</td><td colspan="2">○○銀行</td><td colspan="2">800 万円　普通</td><td colspan="2" rowspan="3"></td></tr>
<tr><td colspan="2">○○銀行</td><td colspan="2">700 万円　普通</td></tr>
<tr><td colspan="2">○○銀行</td><td colspan="2">3,000 万円　定期</td></tr>
<tr><td rowspan="2">その他資産</td><td colspan="2">資産管理会社株式（未上場）</td><td colspan="2">100 株（シェア 100%）</td><td colspan="2">3,000 万円（純資産額）</td></tr>
<tr><td colspan="2">○○会社株式（上場）</td><td colspan="2">1000 株</td><td colspan="2">500 万円
（○月○日終値）</td></tr>
<tr><td colspan="7" align="right">資産合計　211,096,073 円</td></tr>
</table>

【図9　信託する資産を分別する表】

信託財産の候補の選別【土地・家屋】

区分	所在地番	資産	現況地目・建築年・構造・種類	固定資産税評価額	抵当権設定の有無	特記
信託財産の候補	＊＊県＊＊市＊＊＊　〇丁目〇番地〇	土地	宅地	43,060,777	有	
	＊＊県＊＊市＊＊＊　〇丁目〇番地〇	土地	宅地	28,566,442	有	
	＊＊県＊＊市＊＊＊　〇丁目〇番地〇	建物	〇年，軽量鉄骨造スレート葺2階建・共同住宅	15,125,000	有	
	＊＊県＊＊市＊＊＊　〇丁目〇番地〇	建物	〇年，鉄骨造陸屋根2階建て・店舗	30,340,450	有	
			信託財産の候補の合計	117,092,669	円	

区分	所在地番	資産	現況地目・建築年・構造・種類	固定資産税評価額	抵当権設定の有無	特記
信託しない資産	＊＊県＊＊市＊＊＊　〇丁目〇番地〇	土地	雑種地	14,003,404	無	
	＊＊県＊＊市＊＊＊　〇丁目〇番地〇	土地	宅地	20,110,110	無	自宅
	＊＊県＊＊市＊＊＊　〇丁目〇番地〇	建物	〇年，木造1階平家建	5,001,100	無	自宅
			信託しない資産の合計	39,114,614	円	
			クライアントの所有する不動産の合計	156,207,283	円	

一覧表を作成することにより，クライアントのすべての資産を把握することができました。

この過程は非常に重要な工程ですが，そう簡単に一覧表を作成することはできません。しかし，これまでの工程で，信託の活用が必要となりそうなクライアントを選定し，その選定したクライアントとその家族に対して信託を検討してもらいたい理由（認知症対策，継続的に管理が費用な資産を有している，承継に課題があるなど）を明確にして提案することで，クライアントは，その提案を受けて家族信託に取り組みたいという気持ちになっています。そのため，家族信託の設定に関わる税理士はクライアントの相続税対策と遺産分割においてクライアントの相続人がもめないような提案を責任を持って行わなければなりません。そのためクライアントのすべての資産を把握することが責務となります。確かにすべての資産を聴きだす側にも遠慮があるのですが，これまでの工程をふまえたからこそ，家族信託を作るためには，クライアントの全資産を把握しないまま進めると将来問題を生じさせる可能性があると説明し，理解を得て，さらに先の工程へと進めていかなければなりません。

(2) クライアントの資産承継の考え方を把握する

①遺言の作成状況を確認する

相談者であるクライアントは，資産承継について明確な考えを持っているクライアントと，まだ承継について明確な考えを持っていないクライアントがいます。まず，相談者はどちらなのかを確認します。

すでに遺言を作成しているクライアントもいるでしょう。遺言を作成しているか否かについて確認することを欠かしてはなりません。

すでに遺言を作成しているクライアントには，家族信託に取り組むことにより，信託する資産を遺言で指定した相続人以外へ引き継ぐ仕組みとすれば，遺言を書き替えることと同じ効果が生じてしまうことを説明するとともに，すでに作成した遺言内容を相談者に開示してもらうよう依頼します。なかなか遺言内容の開示は難しいかもしれませんが，遺言内容の開示がない場合，家族信託に取り組んだことで，将来相続人の間でもめ事が生じてしまう可能性が高いことを説明し，理解を得るよう努めることが必要です。

②信託の検討において資産の承継先も決めていくことを説明する

承継について何も決めていないというクライアントは少ないかもしれませんが，「配偶者に半分，残りの半分は子供たちに」とか，「後継者と思われる長男に承継したいがまだ迷っている」といったように承継について明確に決めていないクライアントは多いでしょう。特に，認知症対策が主である相談者の場合，承継先を決めていない方は多いと思われます。その場合，税理士は相談者にこの後の工程で信託の仕組みを検討していくこと，その工程では信託が終了したときに信託する財産の承継先を明確にすることが必要なので，家族信託の仕組みを検討する工程で，一緒に考えていきましょうと伝えていきます。税理士は，承継についてクライアントの意思が明確ではないため今後要検討の課題であることを認識しこの後の工程を進めていきます。

(3) 家族信託に取り組むことにより不利を被る家族が生じないかを確認

①信託により遺留分を侵害する可能性がないかを確認する

不利を被るとは，クライアントの相続発生時における相続人の遺留分の問題です。

クライアントが信託した資産が，クライアントが所有する資産の大半を占め，クライアントが亡くなったときに特定の相続人のみが受益者となる家族信託では，他の相続人の遺留分を侵害する可能性があります（相談者が亡くなると信託は終了し，信託財産が特定の家族に帰属するような家族信託の仕組みも同様です）。

遺留分侵害が生じれば，遺留分に満たない資産しか承継できない相続人の不満は高まり，相続人間でもめ事が生じる可能性も高いため，そのような事態が生じないよう事前の確認が不可欠です。

②資産の一覧表と家系図で遺留分を把握する

事前の確認を行うためには，まずクライアントの家族構成を把握し，各家族の法定相続割合を確認します。次に，信託する資産を選別するときに作成した，クライアントの資産一覧表で現時点でのクライアントが所有する資産の総額を算出します。遺留分侵害は，相続発生時の被相続人の所有していた資産についてその時の時価で判断するため，現時点では正確ではありませんが，まず，現段階で遺留分侵害となるのかを確認することが必要です。この確認を確実に行うためにも，相談者の資産一覧表の作成は，より正確な情報をもとに作成されることが必要となります。

信託する資産が，今後その価値が上がっていくことが予想される場合，遺留分侵

【図 10　家系図を作成し法定相続人を確認】

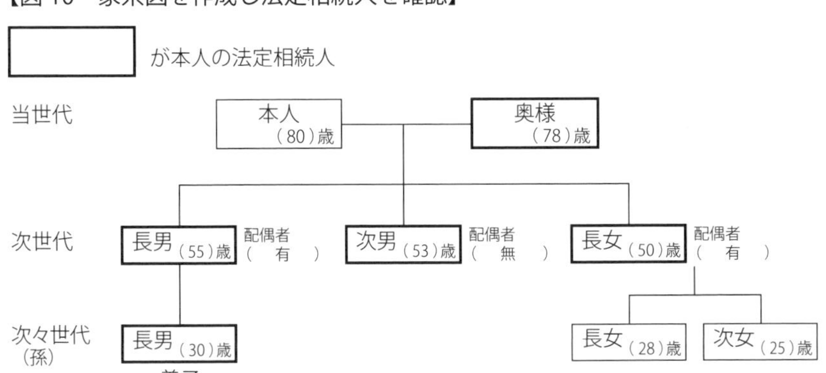

害についてはより一層慎重に検討しなければなりません。さらに，資産の評価額というと，相続税評価額と思ってしまう方も多いようです。特に税理士は相続といえば，相続税評価額と職業柄思ってしまいがちです。遺留分については，資産の時価です。相続税評価額と時価とが乖離しやすい資産などにも注意をしながら，家族信託を取組むことで遺留分に関する家族の問題を生じさせないよう事前の検討をしっかり行う必要があります。

(4) 信託する資産の収益状況を把握する

①信託する資産の収益状況を把握する

資産が不動産の場合，その不動産は第三者に賃貸していることがあります。特に，認知症対策のための家族信託では，管理が必要な不動産を信託するケースが多くあります。信託する資産が明確となったらその資産の収益状況を把握することも欠かせません。

②不動産管理会社の賃貸管理レポートを利用する

信託する不動産の賃貸管理を管理会社に任せている場合，税理士はクライアントに，管理会社の賃貸管理レポートの提示を依頼します。管理会社の賃貸管理レポートには，その不動産の収益に関する情報が多く掲載されているため，必ず確認しておきます。

現時点での賃貸借の状況（空室率），家賃，預り敷金の額，保守・修繕の実績など今後受託者がその不動産を管理するにあたり必要な情報が満載です。

③賃貸借契約と修繕実績も確認する

クライアントが不動産の管理を自身で行っていた場合，所得税の確定申告書や賃貸借契約書，直近行った修繕実績などを確認します。

④家賃の状況も把握する

築年数が経過した建物を信託財産とする場合，信託期間中にさらに家賃が減少する可能性があります。現在の家賃を把握するとともに，家賃はどのように推移してきたのかを把握することも必要です。また，近隣の家賃水準も把握することも必要です。近隣の家賃状況は，インターネットの情報，近隣の不動産仲介業者の情報でも確認することができます。信託する物件の家賃状況はどうなのか，近隣家賃より高いか，安いか，同等かの 3 つの区分で把握しておけばよいでしょう。

現在の状況を把握することが，信託開始以降の受託者の信託事務にとって必要です。必ずこの工程で把握しておきましょう。

(5) 信託する資産に係る債務を把握する

①不動産の登記簿謄本を入手し確認する

信託する不動産が決まったら，その不動産の登記簿謄本を入手します。地目等の確認も欠かせません（地目が田や畑となっている場合，その土地については信託できません）。その他の重要な確認事項に，抵当権の設定の有無があります。

収益不動産を信託する場合，多くのケースで抵当権が設定されていると思われます。債権者がどの金融機関かを把握することは，今後信託の設定を速やかに進めていくためにも重要です。債権者の金融機関が家族信託に対応しているか否かがこの時点で把握できれば，金融機関と早い時点で交渉を始めることもできます。

②金銭消費貸借契約も入手し確認する

併せて金銭消費貸借契約と返済計画書を確認します。連帯債務者・連帯保証人は誰か，借入は固定金利か変動金利か，固定金利の場合固定されている期間はどのくらいか，すでに把握した家賃収入と返済のバランスはどうなっているのかなど，債務の状況についてこの工程で把握しまとめておきます。

(6) 信託する財産の修繕状況を把握する

①修繕積立てをしているかを確認する

商業用ビルや賃貸マンションなど大型の不動産を信託財産とする場合に注意したいことが，修繕積立ての状況と保証金の保管です。将来の修繕に向けて，不動産の所有者は修繕積立を行う必要がありますが，計画的に積み立てていない不動産オーナーも見受けられます。もし，修繕積立をしていないならば，その不動産を信託財産とする場合，将来の修繕のための資金をどうするのかについて検討する必要があります。

②今後の修繕について確認する

信託する不動産（建物）の築年数とこれまでに修繕した箇所とその実施時期を把握します。外壁，エレベーター，水回りなどどのくらい時間が経過した場合に修繕が必要となり，修繕費用はどのくらいかかるのか，そのガイドラインを調べ今後いつ修繕する必要があるかについて把握します。

時期と費用を把握して，信託開始以降，修繕積立をどのようにしていくのか，次の工程で検討するためにこの工程でそのデータをまとめておきます。

第２節　家族信託の設計

家族信託を設計するために，これまでの工程で必要な情報を取得し，その情報を整理しました。ここからはそれらの情報を活かして具体的に家族信託を設計する工程です。認知症対策としての信託，資産管理のための信託，資産承継方法としての信託の設計について，実務はどのように進むのかを解説していきます。税理士が中心となり各専門家と連携して信託を設計していくためには，各専門家がどのような役割を担うのか，その役割分担についても明確にしていきます。

【図 11　家族信託の設計における各工程の順序】

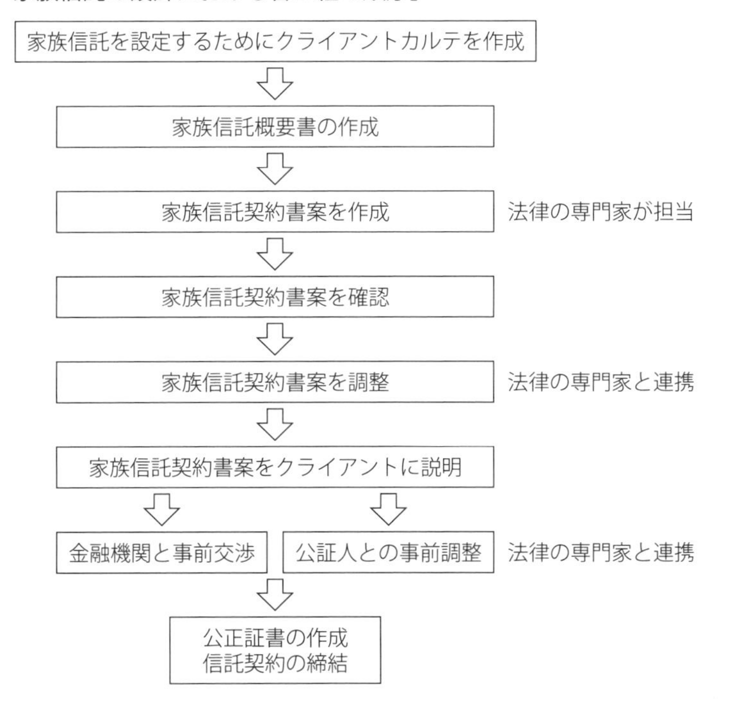

家族信託を設計するためにクライアントのカルテを作成する工程

税理士が，クライアントの中から家族信託が必要と思われるクライアントを選び，そのクライアントに家族信託を提案した結果，クライアントが信託を検討してみたいという意向を示したことを受け，前の工程では信託を設計するにあたり必要な情報を取得しました。

認知症対策のための信託，資産管理のための信託，資産承継のための信託などクライアントが希望する家族信託は異なります。税理士は前の工程で聞き出した情報を整理し，クライアントカルテを作成していきます。

カルテは，「クライアントとその家族の情報」，「信託する資産についてクライアントやその家族の考えや意見に関する情報」，「クライアントの資産状況と信託する資産に関する情報」の３つの区分で聴きだした情報を整理していきます。

【図12　クライアントカルテのイメージ】

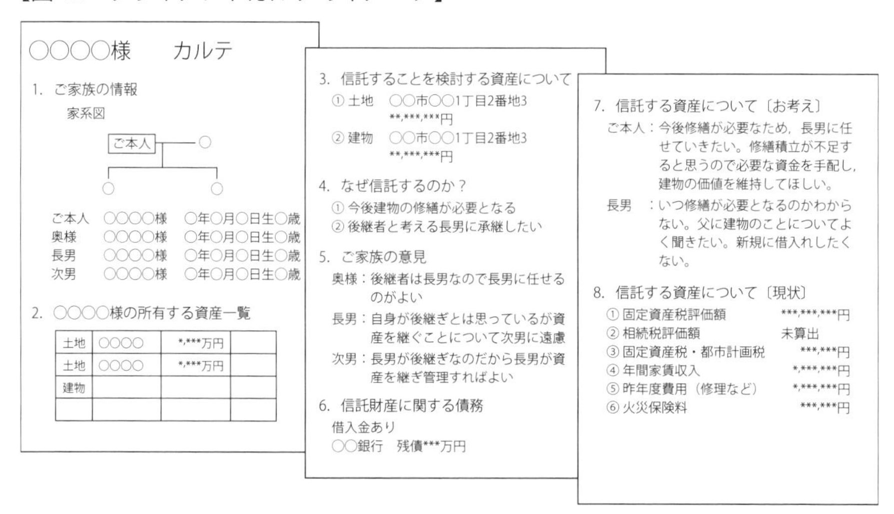

○○○○様　　カルテ

1. ご家族の情報

家系図

ご本人 ― ○
○　○

ご本人　○○○○様　○年○月○日生○歳
奥様　○○○○様　○年○月○日生○歳
長男　○○○○様　○年○月○日生○歳
次男　○○○○様　○年○月○日生○歳

2. ○○○○様の所有する資産一覧

土地	○○○○	*,***万円	
土地	○○○○	*,***万円	
建物			

3. 信託することを検討する資産について

① 土地　○○市○○1丁目2番地3
,*,***円
② 建物　○○市○○1丁目2番地3
,*,***円

4. なぜ信託するのか？

① 今後建物の修繕が必要となる
② 後継者と考える長男に承継したい

5. ご家族の意見

奥様：後継者は長男なので長男に任せるのがよい
長男：自身が後継ぎとは思っているが資産を継ぐことについて次男に遠慮
次男：長男が後継ぎなのだから長男が資産を継ぎ管理すればよい

6. 信託財産に関する債務

借入金あり
○○銀行　残債***万円

7. 信託する資産について〔お考え〕

ご本人：今後修繕が必要なため，長男に任せていきたい。修繕積立が不足すると思うので必要な資金を手配し，建物の価値を維持してほしい。
長男　：いつ修繕が必要となるのかわからない。父に建物のことについてよく聞きたい。新規に借入れしたくない。

8. 信託する資産について〔現状〕

① 固定資産税評価額　***,***,***円
② 相続税評価額　未算出
③ 固定資産税・都市計画税　***,***円
④ 年間家賃収入　*,***,***円
⑤ 昨年度費用（修理など）　*,***,***円
⑥ 火災保険料　***,***円

2 家族信託概要書を作成する工程

聴き出した情報が整理できれば，その後の家族信託を設計する工程は速やかに進

【図 13　信託概要書の記入例】

作成日：2020 年 1 月 10 日

信託概要書

項目	内容
①委託者	○○太郎（78 歳　昭和 16 年 9 月 1 日生）
②委託者の家族に関する事項 ・家族構成 ・家族の状況 ・信託の設計上重要な事項など	・配偶者（76 歳），長男（52 歳），次男（49 歳），長女（47 歳） ・配偶者，長男と同居。次男は東京，長女は大阪に住む。 家族構成については別紙家系図を参照。 次男，長女とは離れて住んでいるが，仲の良い家族。 同居する長男を資産の承継者と考えている。
③信託目的	所有する不動産の管理。太郎氏が亡くなった後，不動産から得られる収入を配偶者に得て欲しい。最終的には不動産を長男に承継したい。
④信託財産に関する事項 ・財産の種類 ・数量 ・その他	・不動産（土地，建物），金銭 ・不動産はアパート 2 棟，金銭は 1,000 万円。 アパート 1 棟は建築して 23 年，もう 1 棟は 8 年前に建築。 古い方のアパートは 3 年前に大規模に修繕した。 2 棟とも□□銀行から借入をして建築。ともにまだ借入が残っている。
⑤受託者	長男
⑥受益者	太郎氏。太郎氏が亡くなった後は配偶者。
⑦受益権の内容	アパートの収益を生活や療養などのために使いたい。
⑧信託期間	太郎氏と配偶者が亡くなるまで。
⑨受託者の信託事務に関する事項 ・信託財産の管理・処分の方法等について	アパートの賃貸管理，アパートの家賃管理，将来の修繕のための積立て，借入金の返済。 計画的に修繕しアパートの価値を維持する。 土地・建物ともに他者には売却しないこと。
⑩信託財産の管理等に関する指図について	長男に任せる（指図者を設定しない）。
⑪信託事務の外部委託について	賃貸管理について，現在，賃貸管理を委託する△△株式会社に引き続き委託する。
⑫信託の終了事由	太郎氏と配偶者がともに亡くなったとき。
⑬信託の変更	状況が変化したときに備えて変更できるようにしたい。
⑭信託の計算期間	1 月 1 日～12 月 31 日
⑮信託の費用の償還	信託財産を費用にあてる。万が一不足する場合は受託者が立て替える。立て替え分については受益者に請求する。
⑯受益権の処分	受益権を他者に譲渡することを考えていない。

⑰信託監督人	検討中（定めるか，定めないかを検討中。定める場合，誰を信託監督人とするのかについても検討中）。
⑱受益者代理人	検討中（次男か長女のいずれ）。
⑲後継の受託者	次男にしたい。
⑳信託報酬	報酬は取らない（無報酬）。
㉑清算受託者	終了したときの受託者。
㉒残余の信託財産の帰属者（帰属権利者）	長男。
㉓その他	特になし

<状況・課題・懸念点・問題点など>
・信託監督人，受益者代理人の設定について検討中
・預かっている敷金，将来の修繕のための資金などを考え，信託する金銭が 1,000 万円で足りるのか？

以上

んでいきます。

信託は，契約を締結する方法，遺言をする方法と自己信託の 3 つの設定方法がありますが，家族信託では，ほとんどが契約を締結する方法によります。その信託契約を作成するために，この工程では信託概要書を作成していきます。

(1) 家族信託契約に定める項目で整理する

信託概要書には，信託契約に定める項目を整理していきます。委託者，受託者，信託の目的，信託する資産の管理方法，受益者，信託の終了事由，信託が終了したときの信託財産の帰属先といった情報です。前工程で聞き出した情報を整理し，クライアントが望む信託を設計できるよう信託概要書を整理していきます。

(2) 不足する情報があれば必ず確認し明確にする

信託概要書の作成段階で，まだ聞き出していないことが判明したら，クライアントに確認し明確にしなければなりません。資産の状況の把握が不足していれば，税理士としてすでに取得している情報を確認する，または再度クライアントに聴き資産に関する情報の提示を求めることも必要です。

この信託概要書を作成する工程において，信託設計の経験が少ない人は，追加でクライアントから情報を聴き出す機会が多くなります。経験を積んでいくと事前の

情報取得に漏れがなくなり，信託概要書の作成も速やかになっていきます。勘違いしてはならないのですが，経験を積んでも不明な情報が生じた場合は，必ずクライアントに聴き確かめることです。決して設計者の考えで進めてはならず，クライアントの真の情報や希望や考えを踏まえた信託概要書を作成していかなければなりません。

3　家族信託契約書案を作成する工程

(1) 家族信託契約書案の作成は法律の専門家に依頼する

信託契約の作成は弁護士などの法律の専門家が担います。税理士が信託契約書まで作成することはお勧めしません。必ず，家族信託に詳しい経験のある法律の専門家に信託契約書を作成してもらうようにしてください。

税理士は，法律の専門家が信託契約を作成しやすいような信託概要書を作成し，その信託概要書を法律の専門家に渡して信託契約書の作成を依頼します。

(2) 必要に応じて法律の専門家とクライアントの面談も設ける

信託概要書を作成する税理士と信託契約書を作成する弁護士がこれまでに何度も一緒に仕事をしたという実績があれば，お互いの信頼関係はあるかと思いますが，初めて一緒に仕事をするといった場合，信託契約書を作成する法律の専門家は，クライアントとの面談を希望することもあると思います。そのような場合，税理士がまず信託概要書を作成し，面談の前に法律の専門家に信託概要書を渡し，法律の専門家がその信託概要書を確認した後に，信託概要書を作成した税理士と信託契約を作成する法律の専門家とクライアントの3者で面談の機会を持つことがよいでしょう。

(3) 家族信託契約書案を作成する際の役割分担

税理士は，クライアントの希望や課題を解決するクライアントが望む家族信託とするために，これまでの工程において，クライアントの家族の状況，資産の状況，クライアントの考えを漏らさずに把握する役割を担ってきました。そして，法律の専門家は，税理士が把握した情報をもとに，クライアントとその家族のために長期間安定的に家族信託が継続する信託契約を作成していきます。

(4) 日頃より税理士は法律の専門家と交流することを心がける

このような役割分担で信託契約を作成していくことから，税理士は日頃より法律の専門家との交流を持ち，仕事で連携できる先を確保しておくことが必要です。家族信託に関するセミナーなどに参加し法律の専門家と交流をもつことや，実務的なワークショップやディスカッションの場に参加して家族信託について法律の専門家と議論をすることなどをして，積極的に法律の専門家との接点を増やすことを心がけるとよいでしょう。

お互い信頼できる関係を作り上げるために，法律の専門家と議論ができることも必要です。そのためにも，税理士は，日頃より，信託法，民法など家族信託に関係する法律を学ぶことは欠かせません。さらに信託に関する税務については，その領域の専門家として，いつでも法律の専門家の質問を受け付け，それに的確に答えられるようにしておく必要があるでしょう。

＜家族信託の実務で確認することが多い法律（税法以外）＞

① 信託法

② 民法

実務で確認することが多い

・物権（所有権，抵当権）

・債務（連帯債務，保証債務，債務の引受け）

・親族（後見）

・相続（全般）

③ 不動産登記法

・信託に関する登記

④ 借地借家法

⑤ 会社法

・株式

4 家族信託契約書案を確認し調整する工程

(1) 信託契約書案を確認する

法律の専門家による信託契約案が出来上がったら，まず，税理士はそれを法律の専門家より受け取り，自身が作成した信託概要書，クライアントカルテと見比べながら各条項をひとつずつ確認していきます。

①委託者と受託者それぞれの立場から確認していく

信託契約書案を確認する際，委託者の立場と受託者の立場となり信託契約を確認していくことが注意点となります。信託契約は，委託者と受託者が締結します。それぞれ契約する者の立場で，見方を変えチェックしていくことが欠かせません。委託者となるクライアントや受託者となるクライアントの家族は，家族信託の相談窓口である税理士と信託契約案を作成した法律の専門家を専門家として信頼しています。そのため，専門家ではない自身が主体的に信託契約書案を細かく確認する方は少ないです。クライアントから家族信託の設計の依頼を受けた税理士は，委託者と受託者の立場で信託契約書案をまず自身で責任を持って確認しなければなりません。

(2) 委託者の立場で信託契約案を確認する

委託者の立場で確認する際，信託契約書案の「信託目的」，「信託財産」，「受益者」，「受益権の内容」，「信託の終了事由」，「信託が終了したときの信託財産の帰属先」に関する条項についてひとつずつチェックしていきます。

①まず，信託目的を確認

クライアントカルテ（【図12】参照）に記載されている「信託する資産について（お考え）」の本人や家族の考えや意見の情報と信託概要書とを見比べながら，信託目的が，クライアントの希望を実現するものとなっているか，課題・問題点を解決することが目的となっているか確認します。

②信託する資産の内容を確認

信託財産は，信託契約書の別紙の信託財産目録に記載されています。その信託財産目録に記載されている各資産は委託者が信託したいと考えた資産と一致しているかを，クライアントカルテの「信託する資産について（現状）」と信託概要書とを見

【図14　信託財産目録の例】

別紙

信　託　財　産　目　録

1　土　地
　所　在　　○○市○○一丁目
　地　番　　○番○
　地　目　　宅地
　地　積　　３００．００平方メートル

2　建物
　所　在　　○○市○○一丁目○番地○
　家屋番号　○番○
　種　類　　店舗
　構　造　　鉄骨造陸屋根2階建
　床面積　　1階　　　１８０．００平方メートル
　　　　　　2階　　　１８０．００平方メートル

3　金銭
　本信託開始日の○○銀行・○○支店・普通預金口座（口座番号：＊＊＊＊＊＊＊）内の残高相当額の金銭すべて

以上

比べながら確認します。

③受益者と信託が終了したときの資産が帰属する先を確認

受益者の確認は，クライアントカルテの「信託する資産について（お考え）」と「ご家族の情報」の2つと信託概要書の受益者と残余の信託財産の帰属者を確認しながら進めます。

資産の承継を目的とする信託では，クライアントの家族のうち特定の者を次の受益者または信託が終了したときの残余の信託財産の帰属者（帰属権利者）とします。受益者や信託が終了したときの残余信託財産の帰属者がクライアントの意向通りとなっているかを確認します。

クライアントが亡くなったとき，次の受益者（2番目の受益者）が指定され，さらに2番目の受益者が亡くなった後の受益者（3番目の受益者）の指定がある受益者連続型信託の場合，受益者の確認は難しくなります。人間が亡くなる順序は，年

齢の通りとならない場合があります。3番目の受益者が2番目の受益者生存中に亡くなるようなケースです。このような事態が生じたときでも対応できる信託となっているか，税理士は慎重に確認していく必要があります。受益者が複数となる信託では，この作業がさらに難しくなりますので要注意です。

④受益権の内容を確認

受益権の内容は，信託契約に必ず定めがなければなりませんが，定めのない信託契約を見かけることもあり要注意です。「受益権を有している者」を受益者といいます。信託契約に受益者を定めてあっても，受益権の内容を明確に定めていないようならば，その契約書案には不備があるといえます。「医療費や生活費のために信託財産から得られる収益の給付を受ける権利」など，受益権の定めはさまざまですが，その信託契約に受益権が明確に定められているかを確認します。

⑤信託の終了事由を確認

多くの家族信託ではその終了事由を，当初受益者（＝委託者）が亡くなったときや，1番目及び2番目の受益者が亡くなったときなど，受益者の死亡によることとしています。それは，委託者の意向を満たしているのでよいと思いますが，それ以外の終了事由もあります。例えば，受益者と受託者が書面により合意したときなどです。終了事由はどうなっているか，税理士は信託契約書を確認していきます。

また，信託法に信託の終了する事由の定めがあり（信託法163）ます。信託法の定めに該当したときも信託は終了しますが，家族が受託者を務める家族信託では，信託契約案にも信託法に定める終了事由を明確に規定しておくとわかりやすいでしょう。

＜信託法に定められている終了事由＞

① 信託の目的を達成したとき
② 信託の目的を達成することができなくなったとき
③ 受託者が受益権のすべてを固定財産で有する状態が1年間継続したとき
④ 受託者が不在で，次の受託者が就任しない状況が1年間継続したとき
⑤ 信託財産が費用などの償還に不足しているとき受託者が信託を終了させる
⑥ 信託の併合
⑦ 裁判による命令
⑧ 信託財産について破算手続きが開始されたとき

⑨ 委託者が破算手続開始の決定等により信託契約が解除されたとき
⑩ 信託契約に定めた事由が生じたとき
⑪ 委託者と受益者の合意

(3) 信託契約書案を受託者の立場で確認する

信託は，受託者による資産管理の仕組みです。特に家族信託では，資産管理の専門家ではない委託者の家族等が受託者となり資産管理を行うことになります。委託者の意向や状況を十分に理解し，それを踏まえた信託契約を作成しても，受託者が信託契約にしたがって資産管理を実行しなければ，信託は機能しません。

そのため，信託財産の管理・処分について，信託契約にわかり易く規定する必要があるでしょう。税理士は，受託者の立場となり，今後，信託財産を管理・処分するにあたって受託者がどのようなことをしていくのかがわかるような信託契約案となっているかを確認していきます。

税理士は，受託者の立場となり信託契約案の，「受託者の信託事務」，「信託事務処理の第三者への委託」，「信託財産の分別管理」，「帳簿等の作成・報告・保存義務」について確認していきます。

①受託者が行う信託事務を確認

受託者の信託事務は，信託目的と信託財産によりその定めは異なります。信託目的が，委託者の認知症対策としての収益不動産の管理ならば，第三者への賃貸（賃貸人としての権利の行使と義務の履行も含めて），不動産の保全・修繕，不動産の収益の管理，預り敷金や保証金の管理，損害保険の付保，損害が生じた場合の不動産の復旧や修繕などについて具体的に定められているかを確認していきます。不動産の処分が目的なら，不動産の売却，建物の建築，建築するための資金の借入れ（金融機関から借り入れること，信託不動産に担保を設定することなど）などの定めが具体的かを確認します。

【図15　信託契約書案（受託者の信託事務）】

第○条　（受託者の信託事務） 　本信託の受託者は，以下の信託事務を行う。 (1) 当初信託不動産を含む本信託財産を管理，処分すること。 (2) 当初信託不動産を含む本信託財産である不動産（以下，「信託不動産」という。）の管理，処分など，本信託の目的に照らし必要な借入れを金融機関から行い，信託不動産について当該借入のために担保権を設定すること。 (3) 信託不動産について火災保険等の保険を付すること（信託不動産について行った借入のために保険金請求権に担保権を設定することを含む。）。 (4) 信託不動産を第三者に賃貸し，第三者から賃料を受領すること。 (5) 本信託財産に属する金銭及び預金を管理し，信託不動産を管理，処分するために支出すること。 (6) 本信託財産に属する金銭及び預金を管理し，受益者の生活費，医療費及び介護費用等に充てるため支出すること。 (7) その他信託目的を達成するために必要な事務を行うこと。

②信託事務の委託について確認

信託事務処理の第三者への委託は，「信託事務処理を第三者に委託することができる」と簡単に定めることが多いようです。家族信託は受託者が資産管理の素人のため，信託事務を委託できるようにしておくとよいでしょう。

③信託財産の分別管理について確認

信託財産の分別管理について，受託者は信託財産を分別して管理することが必須であるため，その分別管理の方法が示してあるかを確認します。受託した金銭を預金で管理するなら，受託者名義の専用の口座を管理すること，不動産については，信託の登記をするなど具体的に定めてあるとよいでしょう。

④帳簿等の作成・報告・保存について確認

帳簿等の作成・報告・保存義務について，この項目はより具体的に規定してあることがよいと思います。信託法では帳簿の作成，受益者への報告，帳簿の保管は受託者に課せられる義務です。しかし，家族信託ではこの義務の履行が実施されていないケースも多く注意が必要です。

信託の計算期間（多くは1月1日から12月31日としています），信託財産に属する財産および信託財産責任負担債務（詳しくは107ページを参照）の状況の記録，信託期間に対応する信託財産の収支と信託財産目録の作成，賃貸借の経過の報告な

【図 16　信託契約書案（帳簿等の作成・報告・保存義務）】

第○条（帳簿等の作成・報告・保存義務）

1 本信託に係る計算期間は，毎年 1 月 1 日から 12 月 31 日までとする。
　ただし，第 1 期の計算期間は，本信託開始日から令和○年 12 月 31 日までとし，最終の計算期間は，直前の計算期間の翌日から本信託の終了日までとする。

2 受託者は，信託事務に関する計算を明らかにするため，本信託財産及び本信託の信託財産責任負担債務の状況を記録しなければならない。

3 受託者は，本信託財産に関し各計算期間毎の信託財産目録及び収支計算書を当該計算期間が満了した月の翌々月末日までに作成しなければならない。

4 受託者は，本信託財産中の不動産を第三者に賃貸する場合，賃借人の退去，新たな賃借人の入居及び賃料並びに管理費の変更など賃貸借契約の当事者及び内容等の変更について，その報告書を作成しなければならない。

5 受託者は，第 3 項記載の信託財産目録及び収支計算書を，第 3 項により決められた期日までに，受益者に提出しなければならない。

6 受託者は，第 4 項記載の経過報告書を，その作成の都度，受益者に提出しなければならない。

7 受託者は，第 2 項に基づき作成した帳簿は作成の日から 10 年間，第 5 項並びに前項に基づき受益者又は受益者代理人に提出した書類は信託の清算の結了の日までの間，保存しなければならない。

どについて信託契約案に定めがあるかを確認します。

後述しますが，信託開始後には税理士による受託者へのサポートが必要となります。これらの帳簿等の作成について，信託契約に定める項目についてチェックリストを作成して，帳簿作成を確実に行っていくことの受託者への支援業務も必要となるため，その定めに不足がないか確認します。

受益者への報告については帳簿等を作成した都度または受益者から求められたときに報告することとなっているかを確認します。

保存については信託法の定めを規定してあるかを確認します。帳簿等の作成・報告・保存義務については，書籍などの信託契約書のひな型にも具体的に記載されているものが多く，一度確認しておくとよいでしょう。

(4) 信託契約書案を調整する

信託契約書案の確認で不足していると思われる条項があれば，信託契約書案を作成した法律の専門家に確認します。その際，委託者の立場や受託者の立場から考えるとこの条項が不足しているのではないか？　この条文のこの箇所をより具体的に定めた方がわかりやすいのではないか？　といった質問の仕方がよいでしょう。質問が具体的な方が，法律の専門家もその問いに対して回答しやすくお互いの確認作業も進みます。

税理士が信託契約書案を読んで，理解できなかったことや疑問に思ったことも質問します。信託契約書は，委託者の希望や考えのあらわれであり，受託者が信託事務を行う際のガイドです。税理士が読んでわからなければ，委託者となるクライアントや受託者となるクライアントの家族は理解できないでしょう。そのためにも，理解できない点については，信託契約を作成した法律の専門家に質問し，修正すべきかなどを税理士と法律の専門家で話し合うことが必要です。

質問や確認を踏まえて当初案を修正し，信託契約書案を調整します。

5 家族信託契約書案をクライアントに説明する工程

信託契約書案が出来上がったら，それをクライアントに説明します。

クライアントから家族信託の設定の依頼を受け信託契約書案の作成までの各工程を担ってきた税理士と信託契約書を作成した法律の専門家の両者が，委託者となるクライアントと受託者となる委託者の家族に説明するとよいでしょう。説明の際，委託者と受託者となる者に限らず，クライアントの家族も参加することがより望ましく，税理士は委託者と受益者以外の家族にも参加を求めましょう。

①信託契約の内容を確認する書面を作成する

説明には，信託契約書案を持参しますが，クライアントとクライアントの家族に信託契約書案を読み上げて聞かせるのではなく，信託契約書案の重要な項目を抜き出してまとめる「信託契約の内容を確認する書面」を作成して，その書面で説明しながら，書面で言及する項目について信託契約書案を読んでもらうといった方法がよいでしょう。信託銀行や信託会社が受託者となる信託（商事信託）では，信託契約を締結する際に「信託契約締結時の書面交付」をしなければなりません（信託業法 26）。その締結時書面の交付と同様の取組みとして「信託契約の内容を確認する書面」にわかりやすくまとめクライアントに信託契約の内容を説明するとよいでしょう。

【図 17　信託契約の内容を確認する書面（例）】

1. 信託契約の締結年月日
本信託契約の締結日は，令和○年○月○日です。

2. 委託者と受託者
委託者は，○○○○様
（住所：＊＊＊＊＊＊＊＊＊＊　生年月日：＊＊年＊＊月＊＊日生）
受託者は，○○○○様
（住所：＊＊＊＊＊＊＊＊＊＊　生年月日：＊＊年＊＊月＊＊日生）

3. 本信託の目的は下記の 3 つです。
①委託者である○○様の信託する資産の管理の手間から解放して，○○様が従前と変わらぬ安定した生活を安心して送れるようにすること
②委託者である○○様の希望する資産の承継を確実に実現すること
③当初の受益者である○○様亡くなった後の受益者○○様（○○様の奥様）が本信託財産からの経済的利益を受け，安定した生活を安心して送れるようにすること

4. 本信託の信託財産は下記の通りです
土地：＊＊市＊＊一丁目＊＊番地＊＊
建物：＊＊市＊＊一丁目＊＊番地＊＊
金銭：＊＊＊＊万円

5. 信託の期間
本信託は，信託契約を締結した日から，当初受益者○○様と次の受益者○○様がともに亡くなった日までです。上記以外にも，○○様（委託者）と○○様（受託者）との合意で終了することができます。

6. 信託財産の管理
①信託する不動産を第三者に賃貸します
②賃貸により得た収入から費用を支出します
③当初信託した金銭と賃貸で得る又は不動産を売却することで得る金銭を管理します
④信託する不動産に火災保険を付保します
⑤信託する不動産の修繕をします。
⑥信託する不動産を売却することができます
⑦修繕や建替えのために金融機関より借入することができます
⑧借入れするために信託する不動産に担保を設定することができます
以下，略

【図 18　家族信託で生じる税金についての説明（例）】

課税される人：受益者

〔課税される時期ごとに記載します〕

①信託を設定したときの課税

委託者（○○様）が当初の受益者であるため，課税はありません

信託財産となったことの登記をするため登録免許税が課税されます。

登録免許税は，信託財産より支払います。【＊＊＊＊＊＊円】

②信託期間中の課税

【所得税の課税】

受益者（○○様）が信託財産より得られる収入について所得税が課税されます。

信託財産は不動産のため，不動産所得の課税です。

信託財産を管理するために発生した費用を控除することができます。

【相続税の課税】

当初受益者（○○様）がお亡くなりになり，次の受益者として指定されている○○様が受益者となったとき，○○様に相続税が課税されます。信託財産を相続したとみなして，信託財産の相続税評価額で課税されます

【固定資産税】

固定資産税は，信託財産より受託者が支払います。受益者が支払ったこととされます。

③信託終了時の課税

【相続税の課税】

2番目の受益者○○様が亡くなったことで信託は終了し，帰属権利者として指定されている○○様に信託の残余の財産が給付されるため，その資産について相続税が課税されます。

【登録免許税の課税】

信託が終了したことにより，○○様が資産の所有者とする登記をするため，土地・建物について登録免許税が課税されます。相続登記と同じ税率の負担が必要です。

以上

クライアントには，信託契約書案を読んでもらう必要がありますが，読んで終わりではなく，その内容を理解してもらうよう，「信託契約の内容を確認する書面」に加えて，面談時に具体的なたとえ話を交えた説明を行うとよいでしょう。

②信託財産についての登記も説明

信託財産が不動産の場合，信託設定後，受託者は速やかに信託財産となった不動産の所有権移転登記と信託の登記の手続きを行わなければなりません。通常，手続きは受託者に委任される司法書士が行うため，信託契約書案の説明時に司法書士も同席するようにすると，その後の工程も速やかに進みます。そのため，信託登記はどの司法書士が担当するのかについてこの工程までに決めておく必要があります。

③信託にかかる税の説明は税理士が行う

信託をすることにより，受益者が将来負担する必要がある税金について税理士が説明をします。信託を設定する際に生じる税金，信託期間中に生じる税金，信託終了時に生じる税金など，課税のタイミングで分けて説明するとわかりやすいでしょう。

6 家族信託を設定するにあたり金融機関と事前交渉する工程

不動産を信託財産とする場合，家族信託を設定する前に金融機関との交渉が必要となるケースが多くなります。

(1) 信託口口座の開設について

収益不動産を信託財産とする場合，信託財産の収益を管理する預金口座が必要となります。信託財産の収益も信託財産です。信託財産は分別管理することが受託者の義務です。分別管理するための専用の預金口座を受託者名義で金融機関に開設することが必要です。いわゆる信託口口座と呼ばれる預金口座の開設です。

①信託口口座の開設が可能な金融機関かを確認する

現状では，一部の金融機関しか信託口口座の開設に対応していないという状況です。そのため，クライアントがこれまで取引をしている金融機関が信託口口座の開設が可能かを税理士が確認することから始めます。金融機関が信託口口座に対応していれば，信託口口座開設のための要件を確認し，その要件を満たすよう現状を確認していきます。信託口口座に対応する金融機関は，一般的に信託契約書を公正証書にして提示することを求めます。

②金融機関には公証人と調整を終えた後の公正証書案を提示する

信託口口座開設手続時に公正証書にした信託契約書を金融機関に提示するのではなく，公証人と調整を終えた，公正証書作成前の信託契約公正証書案を事前に提示し，その金融機関での信託口口座開設の要件を満たした信託契約公正証書案であることを確認した後に公正証書を作成しなければなりません。

事前に提示した信託契約公正証書案では，信託口口座を開設することができないとして，金融機関から変更を求められることもあります。その際，金融機関が望む変更は，クライアントの意向を実現するための信託に大きな支障をきたさないかどうか，信託契約書の作成を担当した法律の専門家とともに検討し対応していきます。

③信託口口座の開設ができる金融機関が見つからない場合

すべての金融機関で信託口口座の対応がとられていない状況から，クライアントの最寄りの金融機関では，信託口口座の開設が不可能な場合もあります。そのようなケースでは，クライアントが望む信託の設定をあきらめるのでしょうか？　信託法では，信託財産は受託者固有の財産と分別して管理することを求められていますが（信託法 34），信託口口座でなければ信託法に反するということでもありません。受託者が信託口口座でない預金口座を開設し，その預金口座で分別管理を確実に実行する方法で信託財産を管理している家族信託もあるようです。信託口口座の開設を安易にあきらめることをお勧めするのではありませんが，やむを得ず信託口口座でない預金口座で信託財産を管理せざるを得ないといったことはあるでしょう。その場合，信託契約を作成した法律の専門家と慎重に協議し検討し，信託口口座で管理しないことにより生じるリスクを委託者と受託者に事例を挙げて説明し，理解を得た後に，やむを得ず信託口口座ではない口座で管理することを決める段取りを踏む必要があります。またその場合，信託開始以降，受託者がその口座で分別管理を確実に行っているかを定期的にモニタリングすることも必要です。税理士は，まずは信託口口座を開設し万全を目指すようアドバイスしなければなりません。

(2) 信託財産に係る債務について

信託財産に付随している債務については，多方面にわたる検討が必要です。法務と税務（特に相続における債務控除）について様々なことを把握した上で事前に金融機関と調整していかなければなりません。金融機関の対応も一様ではなく現時点では実務が固まっていないこともあります。そのため，税理士は，信託を設定するにあたり金融機関との事前交渉において，法律の専門家と連携しながら対応を進めていくことが必要です。

①信託する不動産に抵当権が設定されているとき

信託する不動産に抵当権の設定があり委託者の債務がある場合，受託者がその債務を引き受けるのか，または受託者は債務を引き受けず委託者が債務者のまま信託を設定するのか，ということを決めていかなければなりません。

税務特に相続時の債務控除の観点から，クライアントの信託について，信託する財産についてすでに生じている債務について受託者が債務を引き受けるのか引き受けないのか，また引き受ける場合受託者が免責的に債務を引き受けるのか，それとも委託者にも負わせる形で併存的に引き受けるのかを十分に検討する必要があります。

②金融機関との調整

検討の後，債務の取扱いを決めたら，税理士は信託設定の依頼者であるクライアントとともに債権者である金融機関に事前相談に行きます。受託者が債務を引受けない場合でも，金融機関の事前相談は必須です。信託することにより信託する資産の所有者は委託者から受託者に移転します。資産が受託者へと移転することは，金融機関との契約では，期限の利益の喪失事由（借入をその時点で返済することが必要となる）に該当するため，金融機関に知らせずに信託を設定することはできません。信託設定の目的，信託のスキームなどを説明する資料を使いながら事前に金融機関に説明し，抵当権が設定されている不動産を信託することで受託者に所有権移転することの承諾を得ておく必要があります。

受託者が債務を引受ける場合，金融機関が債務引受に対応するにはどのような条件が必要なのか，具体的に交渉を進めていかなければなりません。

金融機関に説明し理解が得られ対応も可能であるといった回答が得られたら，金融機関に信託契約書案を提示し確認を求めます。その金融機関が対応するためには，信託契約書のこの条文を変更してほしい，こういった内容の条文を入れてほしいといった金融機関との交渉があります。それを法律の専門家と連携しつつ，税理士としては相続時の債務控除の問題にも配慮しながらクライアントに不利な信託契約とならないよう注意しながら信託契約書案を確定していきます。

③信託財産責任負担債務

受託者が債務を引き受けるときその債務は信託財産責任負担債務とします。信託財産責任負担債務は信託財産より得られる収益から債務を返済していくとともに，収益から返済ができなくなったときは信託財産が引き当てられる債務です。そして，信託財産を引き当てても債務の返済に間に合わないときは，受託者がその債務を返済しなければなりません。そのため金融機関にとって受託者の与信も重要となります。

④債務の取扱いについて結論を得るまで時間を要することも

債務は，信託設定前に（委託者となる）クライアントの与信をもとに金融機関が融資をしたものです。家族信託では，多くのケースでは受託者を委託者の子供が務めます。子供は委託者（親）より資産を有していることは少ないでしょう。そのため，受託者の与信を踏まえると受託者が免責的に債務を引受することはできず，委託者にも債務の責任を負わせる併存的債務引受しか対応できないといった金融機関が多いようです。併存的債務引受とした場合，将来，委託者に意思能力がなくなったとき，金銭消費貸借契約の条件変更をすることはできず，金融機関の条件をやむを得ず受け入れなければならなくなります（例えば，金銭消費貸借契約において固定金利の期間が終了したとき，さらにその先の期間にも固定金利を選択するという条件変更ができなくなります）。併存的債務引受で信託の設定を進めるのか，それとも他の金融機関をあたり債務を借り換えることまで考えるのか，クライアントとともに税理士，信託契約を作成した法律の専門家が金融機関と交渉するため，この工程では多くの時間を要します。予想以上の時間を取られることもあります。

交渉する金融機関が，すでに信託に係る債務の取扱いについて実績があるなら，その対応も早いかもしれません。実績のない金融機関では長い時間検討したにも関わらず，「当行では信託の取扱いはできません（委託者から受託者へ抵当権が設定されている不動産を信託譲渡することを認めません）」といった回答となるケースもあります。

⑤認知症対策の信託では速やかに進めることが欠かせない

委託者が高齢の認知症対策の信託では，速やかな信託設定が求められます。長時間検討したのち，また金融機関との交渉を一から始めるということは避けたいものです。この工程では，金融機関との交渉において，税理士や法律の専門家に，クライアントが望む方向へと速やかに進められる実務能力が求められます。それを実現するには，日頃より家族信託の実務経験を有する専門家と交流を持ちそれらの専門家から広く情報を集めておくといった地道な努力も必要です。

7 家族信託契約書を公正証書にする工程

(1) 公証人との事前調整

①信託契約公正証書の作成も専門家と連携で進める

これまでの工程では，信託契約における法律に関することは法律の専門家がその役割を担い，税理士はクライアントの状況や意向を把握し，それを実現するために信託を検討し調整する役割を担うという専門家の連携で進めてきました。

公証人との事前調整もそれぞれの役割を明確にして信託契約公正証書の作成に向けて工程を進めていく必要があります。

②公正証書作成の必要性

公正証書作成の必要性ですが，金融機関に信託口口座を開設する，信託する財産に債務がありその債務を受託者が引受けるといった場合，必ず金融機関に提出を求められるため作成が必須です。また，委託者となる者が高齢な場合，自身の意思を反映した信託契約であることを公証人が関与し公正証書とすることで，信託契約の設定がより確かなものとなります。

③公正証書作成の段取り

まず，税理士は公証人とコンタクトをとり，クライアントの信託契約を公正証書としたい旨を伝えます。もし，申し出た公証人が信託契約に対応していないようであれば，他の公証役場を紹介されることもありますが，クライアントにも負担がかからないようクライアント最寄りの公証役場で信託契約公正証書の作成が可能かを確認していきます。

公証人が了承したら，次は信託契約書案の公証人への提示です。この提示については，信託契約書案を作成した法律の専門家から公証人に提示するのが，これまでの役割分担からもよりよいでしょう。

信託契約書案の提示を受けた公証人は，その後公正証書案を作成します。作成は公証人が行うため，内容が変更となることもあります。変更となった場合，法律の専門家が再度確認し，さらに金融機関にも提示し了解を得る必要があります。このような確認作業も必要なことから，クライアントが希望する日時直前に公証人に公正証書の作成依頼をすることを控えた方がよく，一定の時間の余裕をもって行うことが必要でしょう。

(2) 公正証書作成に必要な書類

信託契約公正証書作成には，信託契約書案の提示だけでは足りず，下記のような書類を提示することが必要です（公正証書作成に必要な書類は必ず公証人に確認してください)。その書類をあらかじめクライアントに取得しておいてもらうことで，この工程を短期間で進めることも可能となります。

＜信託契約公正証書作成に必要な書類＞
委託者と受託者に関する書類：戸籍謄本，住民票の写し，印鑑登録証明書
（運転免許証の提示を求められることもあります）
受益者代理人・信託関係人に関する書類：住民票の写し
信託財産に関する書類：不動産登記事項証明書，固定資産税評価証明書

(3) 信託契約公正証書の作成

信託契約公正証書の作成は公証役場で行います。そのため，委託者と受託者の両者が公正役場に行きます（公証人が出張して公正証書を作成することも可能ですが，出張対応が可能かどうかは事前に公証人に確認することが必要です)。信託契約公正証書は，公証人が信託契約の内容を委託者と受託者にその面前で読み聞かせ，内容の通りでよいかを確認した上で信託契約公正証書の作成をします。

委託者や受託者にとって，このような契約は日常経験するものでもないため，緊張があります。これまで信託契約の締結に向けて支援してきた税理士も同席し，信託契約公正証書を作成することがよいでしょう。

第３節　家族信託の運営

信託契約公正証書の作成により，信託契約は委託者と受託者の間で締結され，いよいよ受託者による信託財産の管理が始まります。家族信託の運営開始です。

家族信託の運営は，信託目的を実現するための受託者による信託財産の管理・処分です。信託契約には，受託者の信託事務として具体的にどのような事務をするかを定めました。また，受託者には義務があり，家族信託の運営において，受託者はその義務を履行しなければなりません。

1　家族信託の運営を税理士はどのような立場で支援するか

受託者が，信託契約に従って，継続して安定的に信託財産の管理・処分を行えるよう，家族信託の組成に関わった税理士は引き続き受託者を支援し，家族信託の運営を助けていかなければなりません。

受託者の支援には，受託者が行わなければならない信託事務の実施状況をチェックすること，受託者が行うべき信託事務の一部を受託者より委託されその信託事務を行うこと，受託者の相談者となり信託事務の遂行にアドバイスを与えることがあり，家族信託の組成に関わった税理士はいずれかの役割を担い受託者を継続的に支援することで，家族信託の安定を目指します。

＜家族信託の検討・設計に関わった税理士が担う受託者への支援＞

□　受託者の信託事務の実施状況をチェックすること

□　信託事務の一部を引き受け（受託）その信託事務を行うこと

□　受託者の相談者となり，信託事務の遂行についてアドバイスすること

税理士は上記のいずれかで受託者を継続的に支援していく

(1) 信託事務の実施状況をチェックする

①受託者が行う信託事務のチェックリストを作成する

信託契約を作成する工程において，受託者が行わなければならない信託事務について，受託者にわかりやすくするために，契約書に具体的に規定しました。受託者は信託契約書を確認しながら信託事務を行えばよいのですが，信託事務のチェック

【図 19　信託事務のチェックリスト】

区分	信託事務の内容
信託事務に関する計算書類の作成	□　信託財産目録の作成
	□　作成した信託財産目録を受益者に提出
	□　信託財産についての収支計算書の作成
	□　作成した信託財産についての収支計算書を受益者に提出
	□　賃借人の入居，退去，内容変更などに関する報告書の作成
	□　作成した賃借人の入居，退去，内容変更などに関する報告書を受益者に提出
	□　信託財産責任負担債務を記録した書面を作成
	□　信託財産目録・収支計算書を保管
	□　信託財産責任負担債務を記録した書面の保管
法定調書の作成と提出	□　信託の計算書の作成
	□　信託の計算書の提出（毎年 1 月 31 日まで）
	□　信託に関する受益者別（委託者別）調書の作成【提出事由が生じたとき】
	□　信託に関する受益者別（委託者別）調書の提出【提出事由が生じたときの翌月末日まで】
信託財産の管理	□　賃貸借契約（締結，解約）
	□　賃貸料収入の管理（未収などの状況を確認）
	□　修繕，建替え
	□　受益者への給付
	□　修繕積立て（積立て状況を確認）
	□　管理のための支出状況の管理（未払いなどないか）
	□　固定資産税の支払いの確認
	□　火災保険の契約・更新
その他信託事務で生じた事項の確認	□　新たな借入れ
	□　信託財産の追加

リストを作成するとよりわかりやすくなります。信託組成に関わった税理士がそのチェックリストを作成し，受託者と共有して信託事務の実施状況を定期的に確認していきます。受託者は，そのチェックリストに記載された事務をひとつずつ確実に完了していけばよいのです。

②チェックリストの実施状況を定期的に確認

税理士が定期的に確認した時にチェックリストの事務が未実施であれば，税理士が事務の実施を促すこともできます。チェックリストは，契約書に記載するような文言ではなく受託者にわかりやすい具体的な作業をリスト化するとよいでしょう。また，受託者が行うべき信託事務をただ羅列するのではなく，いつ行うのかといった行うべきタイミングごとにまとめておくとよいでしょう。

③信託監督人に就任し報酬を得ることも可能

税理士が信託事務を継続的にチェックするには，どのような立場で行うかという問題があります。信託監督人に就任して（信託契約書に税理士が信託監督人となることを規定する必要があります），継続的にチェックするということも可能です。信託監督人は信託契約に定めれば報酬を得ることができます。

(2) 信託事務を受託者より委託される

①家族信託では信託事務を一部委託することも

信託契約には，信託事務を第三者に委託することができると規定しました。家族信託の場合，受託者は自身で行える信託事務に限りがあると思われ，信託事務の外部への委託は必要とされることでしょう。外部の専門家に事務を任せることで受託者の信託事務の履行を確保していきます。

②信託財産の会計に関する事務は税理士が引き受ける

税理士は信託事務の中でも信託財産に関する会計に関する事務を受託して受託者を支援していきます。信託事務の委託に係る費用は，信託財産の管理に係る費用のため，信託財産より支出できます。税理士は受託した業務の対価として報酬を得ることができます。

税理士が受託者から委託される信託事務には，信託財産に関する帳簿の作成，受託者に提出の義務がある法定調書の作成があります。

(3) 受託者の相談者となって受託者にアドバイスすること

①家族信託の運営について常に相談されるようになること

家族信託の検討と設定に税理士が関与したことより，信託について何か生じたら，まず税理士に連絡することを受託者に伝えておきます。受託者もそのように相談できる先があると安心です。クライアントの法人決算や税の申告業務に加えて新たに家族信託について相談を受けることは，税理士の手間となるかもしれませんが，クライアントとの関係を維持し続けるためには非常に有効です。

②家族信託に関わることで相続税の申告も

税理士のクライアントではなかった方が家族信託に取り組み，その信託の設定に税理士が関与したなら，クライアントではなかった先との接点も常に生じます。信託の維持のために税理士が丁寧に対応してくれていれば，家族信託以外のことについても相談される可能性が高くなるでしょう。家族信託は資産の管理と承継の仕組みです。将来委託者に相続が発生したとき，信託にずっと関わり続けた税理士に相続税の申告も依頼したいと思うのも必然かもしれません。

2 受託者が行う信託事務

信託が開始されたら，委託者は，速やかに信託財産を受託者に移転します（信託譲渡）。信託契約を締結しても信託財産を移転しなければ何もスタートしないことと等しいことになります。

(1) 信託財産を受託者に移転する際の事務

信託財産の種類により移転の方法は異なります。本書では，不動産を信託財産とする家族信託を主に考えています。そのため，不動産とお金（金銭）の移転についてその事務を取り上げます。

①不動産

不動産は，委託者から受託者へ所有権を移転するとともに信託登記を行います。家族信託では，所有権移転と信託登記の手続きは司法書士が担うことになります。

第2節5で触れましたが，税理士は，信託登記を担当する司法書士とは信託契約を設定する段階から接点を持ちます。信託契約締結後速やかに登記手続きが済むよう連携して事前の準備を進めておきます。登記手続きは，委託者（登記義務者）と受託者（登記権利者）から司法書士が委任を受け，申請書類等を作成し，法務局に申請手続きを行います。

【図 20　登記申請書のイメージ】

登　記　申　請　書

登記の目的　　所有権移転及び信託
原　　　因　　　　年　　月　　日信託
権　利　者　　　　県　　市　　町　丁目　番　号
　　　　　　　　○○○○（受託者名）
義　務　者　　　　県　　市　　町　丁目　番　号
　　　　　　　　○○○○（委託者名）

添付書面
　登記原因証明情報　　登記識別情報　　印鑑証明書
　住所証明情報　　信託目録に記録すべき情報　　代理権限証明情報

送付の方法により登記識別情報通知書及び完了証の交付並びに原本還付を希望
送付先　資格者代理人の事務所

　年　　月　　日申請　　　　法務局　　出張所　御中

課税価格　　土地　金　　　　　　円
　　　　　　建物　金　　　　　　円

登録免許税　　　金　　　　円
　内訳
　移転分　登録免許税法 7 条 1 項 1 号により非課税
　信託分　土地　金　　　　円（租税特別措置法 72 条 1 項）
　　　　　建物　金　　　　円

不動産の表示
　1. ○○市○○三丁目 1 番 9

【図 21　登記原因証明情報のイメージ】

登　記　原　因　証　明　情　報

1　登記申請情報の要項
　（1）登記の目的　　所有権移転及び信託
　（2）登記の原因　　　年　月　日信託
　（3）当　事　者　　権利者　県　市　町　丁目　番　号
　　　　　　　　　　　○○○○　*(受託者名)
　　　　　　　　　　義務者　県　市　町　丁目　番　号
　　　　　　　　　　　○○○○　*(委託者名)
　（4）不動産の表示　○○市○○三丁目1番9
　（5）信託目録に記録すべき情報　　別紙信託目録に記録すべき情報のとおり

2　登記の原因となる事実又は法律行為
　（1）甲　某（以下「甲」という。）と乙　某（以下「乙」という。）は，本件不動産につき，　年　月　日信託契約を締結し，甲は所有する本件不動産を乙に信託し，乙はこれを引き受けた。
　（2）よって，同日，本件不動産の所有権は，甲から受託者乙へ，信託を原因として移転した。

登記原因は上記のとおりであることを確認した。

　　年　月　日

権利者（受託者）　　県　市　町　丁目　番　号
　　　　　　　　　○○○○　　㊞

義務者（委託者）　　県　市　町　丁目　番　号
　　　　　　　　　○○○○　　㊞

【図 22　信託目録に記録すべき情報のイメージ】

信託目録に記録すべき情報

委託者　　　　県　市　町　丁目　番　号
　　　　　○○○○

受託者　　　　県　市　町　丁目　番　号
　　　　　○○○○

受益者　　　　県　市　町　丁目　番　号
　　　　　○○○○

信託条項
　1　信託の目的

　2　信託財産の管理方法

　3　信託の終了事由

　4　その他の信託条項

以上

【図 23 信託目録のイメージ】

信　託　目　録		調製	余　白
番　　号	受付年月日・受付番号	予　　　備	
第○号	平成 31 年○月○日 第 14 ○○○号	余　白	
1　委託者に関する事項	住所 氏名		
2　受託者に関する事項	住所 氏名		
3　受益者に関する事項等	受益者　住所 　氏名 受益者代理人　住所 　氏名		
4　信託条項	Ⅰ　信託の目的 　本信託は，信託財産目録記載の財産（以下「当初信託財産」という。）を受託者が適正かつ有効に管理又は処分することにより，以下の条項を達成することを目的とする。 　(1) 当初信託財産を管理する負担から委託者を解放して，委託者が従前と変わらぬ安定した安心な生活を送れるようにすること。 　(2) 委託者の希望する財産の承継を確実に実現すること。 Ⅱ　信託財産の管理及び処分方法 1，受託者は，以下の信託事務を行う。 　(1) 当初信託不動産を含む本信託の信託財産（以下，「本信託財産」という。）を管理，処分すること。 　(2) 当初信託不動産を含む本信託財産である不動産（以下，「信託不動産」という。）の管理，処分など，本信託の目的に照らし必要な借入れを金融機関から行い，信託不動産について当該借入れのために担保権を設定すること。 　(3) 信託不動産について火災保険等の保険を付すること（信託不動産について行った借入れのために保険金請求権に担保権を設定することを含む。）。 　(4) 信託不動産を第三者に賃貸し，第三者から賃料を受領すること。 　(5) 信託財産に属する金銭及び預金を管理し，信託不動産を管理，処分するために支出すること。 　(6) 信託財産に属する金銭及び預金を管理し，受益者の生活費，医療費及び介護費用等に充てるため支出すること。 　(7) その他信託目的を達成するために必要な事務を行うこと。 2，受託者は，信託不動産の管理など信託事務の一部を第三者に委託することができる。 Ⅲ　信託の終了事由 1，本信託は，受益者の死亡により終了する。		

4　信託条項	Ⅳ　その他の信託条項 1，受託者に下記の事由が発生したときは，受託者の任務は終了するものとし，当初受託者の後継受託者として次の者を指定する。 　住所　○○○○○○○○○○○○ 　氏名　○○○○○○ 　⑴ 死亡等信託法第 56 条第 1 項各号に掲げる事由 　⑵ 受託者が受益者（受益者代理人の任務が開始しているときには受益者代理人）の同意を得て辞任したこと 2，受益者代理人の任務は，受益者が後見開始又は保佐開始の審判を受けた場合，又は，受益者が受託者に対する書面により受益者代理人の任務開始を希望した場合に開始するものとし，それまで受益者本人の権利行使は制限されないものとする。 3，受益者は，受益権として，次の権利を有する。 　⑴ 信託不動産の一部を生活の本拠として使用する権利 　⑵ 本信託財産から，生活費，医療費及び介護費用等に充てるための金銭の給付を受ける権利 4，受益者の受益権は，本信託が終了したときに消滅する。 5，受益者は，受託者の同意がある場合にかぎり，受益権を譲渡し，または質入れその他担保設定等の処分をすることができる。 6，委託者は，受託者と協議し，両名の合意により，信託の変更をすることができる。 7，受益者代理人の任務が開始しているときは，信託目的に反しないことが明らかであるときに限り，受託者及び受益者代理人が協議し，両名の合意により，信託の変更をすることができる。 8，信託目的に反しないこと及び受益者の利益に適合することが明らかであるときに限り，受託者の受益者（受益者代理人の任務が開始しているときには受益者代理人）に対する書面による意思表示により，信託を変更することができる。 9，本信託が受益者の死亡以外の事由で終了したときの帰属権利者は，受益者とする。 10，本信託が受益者の死亡により終了したときの帰属権利者は，次のとおりである。 　⑴ 本信託が受益者の死亡により終了したときの帰属権利者として次の者を指定する。 　帰属権利者 　住所　○○○○○○○○○○○○ 　氏名　○○○○○○ 　⑵ 受益者の死亡時に○○○○が死亡していた場合の帰属権利者として次の者を指定する。 　帰属権利者 　住所　○○○○○○○○○○○○ 　氏名　○○○○○○ 　⑶ 受益者の死亡時に○○○○及び○○○○が死亡していた場合の帰属権利者として次の者を指定する。

	帰属権利者 住所　○○○○○○○○○○○○○ 氏名　○○○○○○ (4) 受益者の死亡時に○○○○，○○○○及び○○○○が死亡していた場合の帰属権利者として，本信託の終了時点において○○○○の直系卑属で受益者の相続人となる者を指定する。なお，同人が複数の場合，各人の割合は，受益者を被相続人とする法定相続分に応じて定まるものとする。だたし，本信託の終了時点において○○○○の直系卑属で受益者の相続人となる者が存在しなかった場合には，本条項による帰属権利者の指定に関する定めはなかったものとし，信託法の定めによるものとする。

②金銭

委託者の預金にある金銭を信託する場合，委託者が預金を払い戻し，払い戻した金銭を受託者に引渡します。引渡しは，委託者が現金を受託者に渡すことでもよいのですが，委託者が受託者口座に送金することの方がよりよいでしょう。引き渡された現金を受託者が受託者口座に入金せずに自身の財産と分別して管理すればよいのですが，多額の現金を手元に置いておくことは管理上安全ではありません。また，委託者より受託者に信託されたことの記録が受託者口座の履歴に残りよいでしょう。

信託財産となる金銭を管理するための口座として，金融機関に信託口口座を開設することを，第2節❻(2)で説明しました。信託契約公正証書を作成したら，速やかにその写しをもって受託者が金融機関に信託口口座を開設し，速やかに委託者よりその口座に送金します。

(2) 信託財産の管理

信託財産を受託者に移転する手続きを済ませ，受託者は信託財産を管理していきます。

①不動産の管理

(i) 賃貸管理

信託財産が第三者に賃貸する収益不動産の場合，受託者は委託者の賃貸人の地位を引き継ぎます。受託者は，委託者より賃貸借契約を受け入れます。

受託者が信託を引受けたことにより，受託者が新しい賃貸人になったことと，以後の家賃の振込先口座を賃借人にお知らせします。

信託契約前から賃貸管理を管理会社に任せており，信託契約締結後も引き続き賃貸管理を管理会社に受託者が委託する場合，管理会社に賃貸人の変更と家賃の振込先口座を連絡します。

信託された不動産（建物）に付保されている損害保険は受託者名義に変更します。

受託者は，信託契約時の賃貸借の状況を一覧表にまとめ，信託財産の賃貸借の状況を把握します。一覧表には，賃借人の名前，家賃，賃貸借契約の更新の時期，預り敷金の額を記入します。この一覧表は信託の計算期間の期初の状況として保存します。

【図 24　賃貸借の一覧表】

物件名	部屋	賃借人	契約日	契約満了日	家賃	敷金
○○アパート	1 階　101 号	*****	** 年 ** 月 ** 日	** 年 ** 月 ** 日	***** 円	***** 円
	1 階　102 号	*****	** 年 ** 月 ** 日	** 年 ** 月 ** 日	***** 円	***** 円
	1 階　103 号	空き	—	—	—	—
	1 階　104 号	*****	** 年 ** 月 ** 日	** 年 ** 月 ** 日	***** 円	***** 円
	2 階　201 号	*****	** 年 ** 月 ** 日	** 年 ** 月 ** 日	***** 円	***** 円
	2 階　202 号	*****	** 年 ** 月 ** 日	** 年 ** 月 ** 日	***** 円	***** 円
	2 階　203 号	*****	** 年 ** 月 ** 日	** 年 ** 月 ** 日	***** 円	***** 円
	2 階　204 号	空き	—	—	—	—

信託の計算期間中の信託財産に係る収入と費用の状況は，期中の一覧表にその情報を随時加えていきます。期中に新たな賃貸借契約を締結したら，期中の一覧表に新たな契約の情報を追加していきます。賃貸借契約が終了した場合，終了時期も一覧表に記入します。後に修繕などについて説明をしますが，保守や修繕，退去に伴う清掃費用，固定資産税等の税金の支払いも期中の一覧表に追加していきます。

家賃の振込時期が相違するかもしれませんが，時期を定め（毎月末など），家賃の振込状況を確認します。定めた時期に信託財産を管理する口座の通帳に記帳すればよいでしょう。賃借人の家賃の振込みを確認したら期中の一覧表に振り込まれた家賃の情報を追加していきます。もし，賃借人が現金で家賃を持参する場合，受託者が受領書を発行し，期中の一覧表の受領日と受領した金額を記入し，信託財産を管理する受託者名義の口座に入金します。

（ii）維持管理，修繕

信託財産を維持するために，定期的な点検や付属設備の部品交換などが必要です。

受託者が主体的に維持管理に関する事務を行う場合，点検や部品交換の実費が必要となります。業者に委託すれば，業者が定期的な点検や部品交換を行ってくれるため，受託者の事務は減りますが，その一方業者の手数料の負担が増えます。

受託者が信託財産の管理のみを行っているのであれば，受託者が主体的に維持管理に関する事務を行うことがよいのでしょうが，家族信託では，委託者の家族が受託者を担っているため，受託者は自身の仕事をしつつ受託者の業務も行うということがあります。その場合，費用はかかりますが，信託事務である賃貸管理を委託する方が，信託財産の維持にはよいこともあります。信託契約には，信託事務を外部に委託することができるとしか定めていないため，受託者が事務を委託してしまえばよいのですが，事務を委託する場合あらかじめ受益者（または受益者代理人）に知らせておくことがよいでしょう。

修繕は維持管理と異なり大規模となるため，計画的に行う必要があります。信託開始時の信託財産の状況と信託するまでの修繕の状況を踏まえて，信託開始時に修繕計画を作成しておきます。修繕計画表の作成は，業者に建物の状況を診断してもらい計画を立てることや，一定の年数の経過をもとに修繕する時期を定めるなどいくつか方法があると思います。大切なのは，信託期間中のいつにどこを修繕するとその計画を明確にし，そのための費用も見積もっておくことです。計画を明確にす

【図 25　修繕計画表】

○○アパート修繕計画表

現在の修繕積立金　　*******　　円

	次回予定	予定する費用
屋根防水	**** 年 ** 月	*** 万円
廊下・階段防水	**** 年 ** 月	*** 万円
外壁塗装	**** 年 ** 月	*** 万円
鉄部取替	**** 年 ** 月	*** 万円
給排水管の更新	**** 年 ** 月	*** 万円
給排水ポンプ更新	**** 年 ** 月	*** 万円
ガス管の回収	**** 年 ** 月	*** 万円
電気設備	**** 年 ** 月	*** 万円

れば，そのための資金を計画的に積み立てていくことができます。受益者への給付の際，修繕積立金を控除しないで信託財産の収益をそのまま給付すると，将来の修繕資金が不足することとなります。計画を立て，それに向けた積立をし，積立金は使うことなく受託者が修繕発生まで管理することが大切です。信託の計算期間終了の毎に修繕積立が計画通りに積み立てられているかを確認することを税理士が担うことも必要でしょう。

(ⅲ) 固定資産税の支払い

信託財産の所有権は受託者へ移転します。そのため，固定資産税・都市計画税の支払いは受託者が行わなければなりません。信託期間中，受託者は忘れずに固定資産税等を支払っていきます。

②金銭の管理

本書は不動産を信託財産とする信託を中心に説明をしています。そのため，信託財産となる金銭について，有価証券に投資するなどの運用は考えていません。信託金銭を運用しない場合，信託金銭は預金で管理していきます。

不動産を信託財産とする信託では，受託者は，その不動産から得られる収入である金銭を管理し，信託財産の管理・処分のために必要な資金を支払います。また，将来必要な修繕のために金銭管理を行っていくことも欠かせない事務です。

信託設定時に，委託者がそれまで積立てきた資金を信託財産として引受け，それを管理しつつ，信託開始後は修繕のための積立を信託の計算期間毎に行っていきます。

また，委託者となる者が預かった敷金や保証金を当初信託財産とすることも必須です。受託者はその金銭について，賃貸借契約が終了したときに賃借人に返還しなければならないため受益者には給付せずに管理します。

(ⅰ) 受益者への給付

信託目的を実現するために受益者への信託財産の給付は必須です。しかし，家族信託ではこの受益者への給付のルールがあいまいとなっているため，注意が必要です。信託銀行や信託会社の信託（商事信託）では，信託の計算期間が終了した後，信託の収入から信託費用を差し引きさらに必要な積立金を控除した残りの金額を受益者に給付します。商事信託の給付のポイントは，受益者への給付は，信託の計算期間が終了したタイミングのみで，必要な積立金を控除した残りの金額しか給付し

【図 26　修繕積立と受益への給付を説明する図】

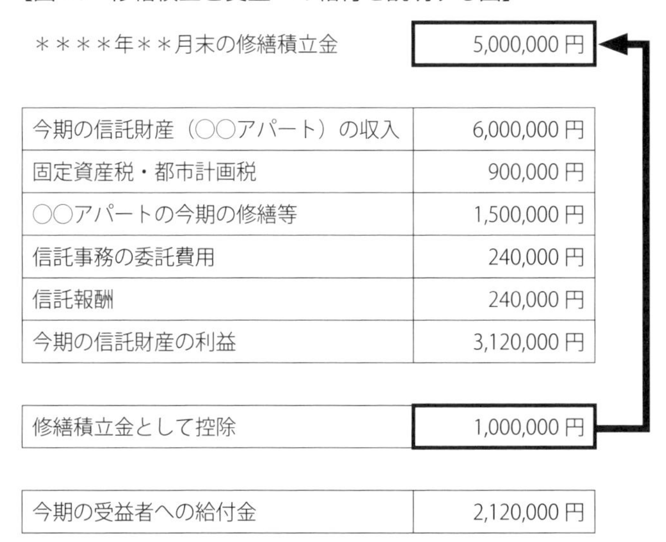

＊＊＊＊年＊＊月末の修繕積立金	5,000,000 円

今期の信託財産（○○アパート）の収入	6,000,000 円
固定資産税・都市計画税	900,000 円
○○アパートの今期の修繕等	1,500,000 円
信託事務の委託費用	240,000 円
信託報酬	240,000 円
今期の信託財産の利益	3,120,000 円

修繕積立金として控除	1,000,000 円

今期の受益者への給付金	2,120,000 円

ないということです。一方，家族信託の給付はどうかというと，信託契約書にそこまで明確なルールを定めていないケースが多いようです。

受託者は，信託財産に係る収入と支払いを管理するとともに将来必要な積立も行いながら，安定的に受益者に信託財産を給付していかなければなりません。

(3) 信託財産に係る帳簿等の作成

受託者に作成義務のある信託財産に係る帳簿その他の書類，貸借対照表，損益計算書その他の法務省令で定める書類については，信託法 37 条 1 項ないし 3 項，信託計算規則 4 条に規定されています。

＜信託法 37 条　（帳簿等の作成等，報告及び保存の義務）＞

受託者は，信託事務に関する計算並びに信託財産に属する財産及び信託財産責任負担債務の状況を明らかにするため，法務省令で定めるところにより，信託財産に係る帳簿その他の書類又は電磁的記録を作成しなければならない。

2　受託者は，毎年 1 回，一定の時期に，法務省令で定めるところにより，貸借対照表，損益計算書その他の法務省令で定める書類又は電磁的記録を作成しなければならない。

3　受託者は，前項の書類又は電磁的記録を作成したときは，その内容について受益者（信託管理人が現に存する場合にあっては，信託管理人）に報告しなければならない。ただし，信託行為に別段の定めがあるときは，その定めるところによる。

＜信託計算規則　4条　（信託帳簿等の作成）＞
法第 37 条第 1 項の規定による信託財産に係る帳簿その他の書類又は電磁的記録（以下この条及び次条において「信託帳簿」という。）の作成及び法第 37 条第 2 項の規定による同項の書類又は電磁的記録の作成については，この条に定めるところによる。
2　信託帳簿は，1 の書面その他の資料として作成することを要せず，他の目的で作成された書類又は電磁的記録をもって信託帳簿とすることができる。
3　法第 37 条第 2 項に規定する法務省令で定める書類又は電磁的記録は，この条の規定により作成される財産状況開示資料とする。
4　財産状況開示資料は，信託財産に属する財産及び信託財産責任負担債務の概況を明らかにするものでなければならない。
5　財産状況開示資料は，信託帳簿に基づいて作成しなければならない。
6　信託帳簿又は財産状況開示資料の作成に当たっては，信託行為の趣旨をしん酌しなければならない。

受託者は毎年 1 回，一定の時期に，貸借対照表，損益計算書その他の法務省令で定める書類の作成義務がありますが（信託法 37 ②），「その他の法務省令で定める書類」がどのような書類なのでしょうか。信託計算規則 4 条 3 項，4 項，5 項には，信託財産に属する財産及び信託財産責任負担債務の概況を明らかにするもので，信託帳簿に基づいて作成されたものとされています。家族信託では，成年後見実務において作成が求められている「財産目録」，「収支計算書」のような書式を利用することでも基本的には足りると考えられているようです（『賃貸アパート・マンションの民事信託実務』著 成田一正，金森健一，鈴木望 編 一般社団法人民事信託士協会 一般社団法人民事信託推進センター 359 頁）。【図 27】にその記載例を挙げておきます。

不動産管理会社のレポートを利用すると，信託帳簿を作成することもできそうです。家族信託は，すでにある情報を上手に活用して信託事務を行っていくことも必要です。

貸借対照表や損益計算書を家族信託の受託者が作成するのは難しいと思われ，受託者の帳簿等の作成の義務については，税理士が受託者より委託を受け作成していくことがよいでしょう。

作成した帳簿等については，報告と保存も義務付けられています。

【図 27　裁判所財産目録記載例】

1　不動産（土地）

本人の財産内容は以下のとおりです。

所　　在	地番		地目	地積（m²）		現況・使用状況等	資料番号
○○市○○町1番2	12 番	34	宅地	200 m²	5	本人の自宅敷地	1－1

2　不動産（建物・マンション等）

本人の財産内容は以下のとおりです。

所　　在	家屋番号	種類	構造	床面積（m²）		現況・使用状況等	資料番号
○○市○○町1番2	123 番 56	居宅	木造瓦葺 2階建て	m² 1階 70 2階 50	24 03	本人の自宅	2－1
△△市△△町2番3	9876 番 54	共同住宅	鉄骨亜鉛メッキ鋼板2階建	m² 1階 201 2階 150	03 83	2室を賃貸中	2－2

3　預貯金・現金

本人の財産内容は以下のとおりです。

金融機関の名称	種別	口座番号	金　額　（円）（最終残高年月日）	管理者	備考	資料番号
ゆうちょ銀行	通常貯金	10000－1234567	567,890（令和　年　月　日）	申立人		3－1
○○銀行○○支店	普通預金	09876543	123,456（令和　年　月　日）	申立人		3－2
同上	定期預金	09876543	2,000,000（令和　年　月　日）	申立人		3－3
現金			96,723（令和　年　月　日）	申立人		3－4
合　　計			2,788,069			

6　負債

本人の負債内容は以下のとおりです。

債権者名(支払先・返済先)	種別	残額	借入金額等	支払予定等	備考	資料番号
☆☆金融公庫	住宅ローン	12,000,000	30,000,000	返済予定表の通り		6－1
××銀行	連帯保証債務	3,000,000	12,000,000	主債務者(申立人)	支払中	6－2
合　　計			15,000,000			

8　定期的な収入（過去１年間）

本人の定期的な収入は以下のとおりです。

種別	支給者の氏名，名称	金　額（円）	保管の方法等	資料番号
厚生年金	社会保険庁	㊎・月　1,130,000	3－2 の口座に自動振込	8－1
家賃収入	◇◇不動産管理委託	㊎・月　3,120,000	同上	
年合計又は月平均		㊎・月　4,250,000		

9　定期的な支出（過去１年間）

本人の定期的な支出は以下のとおりです。

種別	支　払　先	金　額（円）	支払の方法等	資料番号
入院・入所費	グループホーム○○○	㊎・月　1800,000	ホームに持参して支払	9－1
医療費	△△医院	㊎・月　50,000	窓口払い	9－2
健康保険料	○○区役所保険年金課	㊎・月　30,000	3－2の口座から自動引落	3－2
介護保険料	同上	㊎・月　78,450	同上	同上
住民税	○○区役所納税課	㊎・月　123,450	同上	同上
固定資産税	○○区役所土地係	㊎・月　356,000	同上	同上
家賃・地代		年・月		
生活費		㊎・月　240,000	3－1の口座から都度引出	9－3
住宅ローン	☆☆金融公庫	㊎・月　1,200,000	3－2の口座から自動引落	3－2
年合計又は月平均		㊎・月　3,877,900		

10　収支概算

年間収入	約　425 万円
年間支出	約　388 万円
差し引き	約　37 万円 ■黒字　□赤字

11　臨時収入（前回報告以降にあった場合のみ）

年月日	収入の内容	金　額（円）	保管の方法等	資料番号
令和　年　月　日	居住用不動産売却	11,130,000	3－1 の口座に自動振込	10－1
令和　年　月　日	被相続人○○○○の遺産分割	5,000,000	同上	10－2
合計（今回報告分）		16,130,000		

12　臨時支出（前回報告以降にあった場合のみ）

年月日	支出の内容	金　額（円）	保管の方法等	資料番号
令和　年　月　日	福祉車両購入	2,000,000	3−1の口座から払戻の上現金払い	11−1
令和　年　月　日	バリアフリーのため自宅リフォーム	1,500,000	同上	11−2
令和　年　月　日	後見人報酬	180,000	3−1の口座から払戻の上受領	3−1
今回報告分	後見事務費用	70,000	同上	3−1
合計（今回報告分）		3,750,000		

(4) 法定調書の作成と提出

受託者は法定調書を作成し，受託者の所在地を管轄する税務署長に提出しなければなりません。作成・提出が必要な法定調書は，「信託に関する受益者別（委託者別）調書」，「信託に関する受益者別（委託者別）調書合計表」（この 2 つをセットで），「信託の計算書」，「信託の計算書合計表」（この 2 つをセットで）です。

①信託に関する受益者別（委託者別）調書

相続税法 59 条 3 項に受託者が調書を提出する義務が定められています。提出事由は，信託の効力が生じたとき，受益者が変更されたとき，信託が終了したとき，信託に関する権利の内容に変更が生じたときです。ただし，以下の場合はその提出が不要となります。受益者別に信託財産を評価（相続税評価）した評価額が 50 万円以下のとき，信託の効力発生時に委託者と受益者が同じとき，信託の終了時に信託終了直前の受益者がその有していた受益権に相当する信託の残余財産の給付を受けるとき，信託の変更があったとき受益者が一の者であるまたは受益者が有する権利の価額に変動がないときです（相規 30 ⑦。同法には上記以外にも提出不要の事由を定めていますが，本書では，家族信託の場合に想定される事由を抽出しています）。

提出事由が生じた日の属する月の翌月末までに受託者は，「信託に関する受益者別（委託者別）調書」，「信託に関する受益者別（委託者別）調書合計表」を作成し提出します。

【図 28－1　信託に関する受益者別（委託者別）調書合計表】

税務署受付印

令和　　年　　月分　信託に関する受益者別（委託者別）調書合計表

処理事項	通信日付印	検　収	整理簿登載	身元確認
	※　・　・	※	※	※

令和　　年　　月　　日提出

税務署長 殿

提出者		
住所（居所）又は所在地	電話（　　－　　－　　）	
個人番号又は法人番号(注)	↓個人番号の記載に当たっては、左端を空白にし、ここから記載してください。	
フリガナ 氏名又は名称		
フリガナ 代表者氏名印	㊞	

整理番号				
調書の提出区分（新規=1、追加=2 訂正=3、無効=4）		提出媒体	本店一括	有・無
作成担当者				
作成税理士署名押印	税理士番号（　　）　㊞　電話（　　－　　－　　）			

提出事由	信託財産の種類	提出枚数	受益者数	特定委託者数	委託者数	信託財産の価額
効力発生	□金銭　□有価証券 □金銭債権□不動産 □その他（　　）	枚	人	人	人	円
受益者変更	□金銭　□有価証券 □金銭債権□不動産 □その他（　　）					
信託終了	□金銭　□有価証券 □金銭債権□不動産 □その他（　　）					
権利内容変更	□金銭　□有価証券 □金銭債権□不動産 □その他（　　）					
計						

（摘　要）

○　提出媒体欄には、コードを記載してください。（電子＝14、FD＝15、MO＝16、CD＝17、DVD＝18、書面＝30、その他＝99）

（注）　平成 27 年 12 月分以前の合計表を作成する場合には、「個人番号又は法人番号」欄に何も記載しないでください。

（用紙　日本産業規格　A 4）

○平成28年1月1日以後提出用

【図 28－2　信託に関する受益者別（委託者別）調書】

信託に関する受益者別（委託者別）調書

受益者	住所（居所）		氏名又は名称	
			個人番号又は法人番号	
特定委託者	又は		氏名又は名称	
			個人番号又は法人番号	
委託者	所在地		氏名又は名称	
			個人番号又は法人番号	

信託財産の種類	信託財産の所在場所		構造・数量等	信託財産の価額
信託に関する権利の内容	信託の期間	提出事由	提出事由の生じた日	記号番号
	自　・　・ 至　・　・		・　・	

（摘要）

（令和　　年　　月　　日提出）

受託者	所在地又は住所（居所）	（電話）
	営業所の所在地等	（電話）
	名称又は氏名	
	法人番号又は個人番号	

整理欄	①	②

○「個人番号又は法人番号」欄に個人番号（12桁）を記載する場合には、右詰で記載します。

358

(2) 信託の計算書

受託者の「信託の計算書」の提出義務を所得税法 227 条で定めています。家族信託の提出時期は，毎年 1 月 31 日です。受託者の所在地を管轄する税務署長に提出します。受益者各人毎の信託財産に帰せられる収益の額が 3 万円以下の場合，提出は不要です（所規 96 ②。同条③には，提出の省略ができない条件を定めていますが，本書で取扱っている家族信託には該当しないためここではふれません）。

信託に関する受益者別（委託者別）調書，信託の計算書は，受益者が作成し，提出することとなっていますが，専門家である税理士が作成の委任を受け作成し，提出するほうがよいでしょう。信託の計算書の提出は，毎年 1 月 31 日となっているので定例の事務ですが，信託に関する受益者別（委託者別）調書は，信託期間中の提出事由が発生した日の翌月末日までです。受託者はこのような事由が発生した場合，調書の提出が必要であることをしっかり認識しておく必要があり，それは信託の設定に関与した税理士からも定期的に説明する必要があるでしょう。

【図 29－1　信託の計算書】

信　託　の　計　算　書

（自　　年　月　日至　　年　月　日）

信託財産に帰せられる収益及び費用の受益者等	住所(居所)又は所在地			
	氏名又は名称		番号	
元本たる信託財産の受益者等	住所(居所)又は所在地			
	氏名又は名称		番号	
委託者	住所(居所)又は所在地			
	氏名又は名称		番号	
受託者	住所(居所)又は所在地			
	氏名又は名称	(電話)		
	計算書の作成年月日	年　月　日	番号	

○「番号」欄に個人番号（12桁）を記載する場合には、右詰で記載します。

信託の期間	自　年　月　日 至　年　月　日	受益者等の異動	原因	
信託の目的			時期	

受益者等に交付した利益の内容	種類		受託者の受けるべき報酬の額等	報酬の額又はその計算方法	
	数量			支払義務者	
	時期			支払時期	
	損益分配割合			補てん又は補足の割合	

収益及び費用の明細

	収益の内訳	収益の額 千 円		費用の内訳	費用の額 千 円
収益			費用		
	合計			合計	

資産及び負債の明細

	資産及び負債の内訳	資産の額及び負債の額 千 円	所在地	数量	備考
資産					
	合計		(摘要)		
負債					
	合計				
	資産の合計－負債の合計				

整理欄	①	②

357

【図 29－2　信託の計算書合計表】

自 令和　年　月　日
至 令和　年　月　日

信託の計算書合計表

処理事項	通信日付印	検 収	整理簿登載	身元確認
	※ ・ ・	※	※	※

○平成28年1月1日以後提出用

税務署受付印

令和　年　月　日提出

税務署長 殿

提出者		
住所（居所）又は所在地	電話（　－　－　）	
個人番号又は法人番号(注)	↓個人番号の記載に当たっては、左端を空白にし、ここから記載してください。	
フリガナ 氏名又は名称		
フリガナ 代表者氏名印	㊞	

整理番号			
調書の提出区分（新規=1、追加=2、訂正=3、無効=4）		提出媒体		本店一括	有・無
作成担当者			
作成税理士署名押印	税理士番号（　） ㊞ 電話（　－　－　）		

信託財産の種類	件数	収益の額	費用の額	資産の額	負債の額
金銭	件	円	円	円	円
有価証券					
不動産					
その他					
計					

（摘要）

○　提出媒体欄には、コードを記載してください。（電子＝14、FD＝15、MO＝16、CD＝17、DVD＝18、書面＝30、その他＝99）

（注）平成 27 年 12 月 31 日以前に開始する事業年度に係る合計表を作成する場合（信託会社以外の受託者にあっては、平成 28 年 12 月 31 日以前にこの合計表を提出する場合）には、「個人番号又は法人番号」欄に何も記載しないでください。

(5) 受益者の所得税の申告

信託財産が収益不動産の場合，信託財産である不動産を賃貸することで得られる収入と信託財産を管理するための支出があります。信託財産である不動産の収益と費用は，受益者の不動産所得として取り扱われます。受益者は，信託以外の所得と信託財産の所得とを合算して所得税を申告しなければなりません。信託財産の所得が損失である場合，その損失は不動産所得の計算上なかったものとされ，信託財産以外の不動産所得と損益通算することができません（措法41の4の2①，措令26の6の2④）。

このようなことからも信託の設定に関わった税理士は，受益者の確定申告にも関与する必要があります。税理士のクライアントに信託を提案した場合，クライアントまたはクライアントの家族である受益者の所得税の申告はその税理士が担当していると思われ特に問題がないかと思いますが，クライアントではないケースでは，その受益者の確定申告についての対応を事前に決めておかなければなりません。

(6) 法人が受託者を務める場合の法人の税務

受託者を個人ではなく法人とするケースがあります。その信託の受託を事業目的とする一般社団法人を新設することがあります。信託の受託のための一般社団法人でも，その法人を維持するために信託報酬を得て必要な経費を確保していくこともあります。一般社団法人は，法人税の申告が必要となり，信託の設定に関与した税理士は一般社団法人の決算と税務について支援する必要があります。

(7) その他

税理士が関与した信託について，その信託を安定して継続し続けるために税理士が信託監督人に就任し，受託者の信託事務の実施状況をチェックすることが必要な場合もあります。家族間での強い信頼関係をもとに設定する信託でも，監視・監督機能が弱い家族信託では，第三者の客観的なチェックが必要なときもあります。その役割を税理士が担っていくこともクライアントの状況次第で必要となるときがあります。

信託監督人は，信託契約にその報酬額を定めることで報酬を得ることができます。

第3章

家族信託の使いどころ【事例編】

1 事例Ⅰ　実家を売却できるようにするために家族信託を利用するケース

父親が認知症になったときに銀行資金が凍結されると介護費用などが捻出できないので困ります。

そこで，実家を売却して介護施設への入居を検討します。

(1) 家族構成

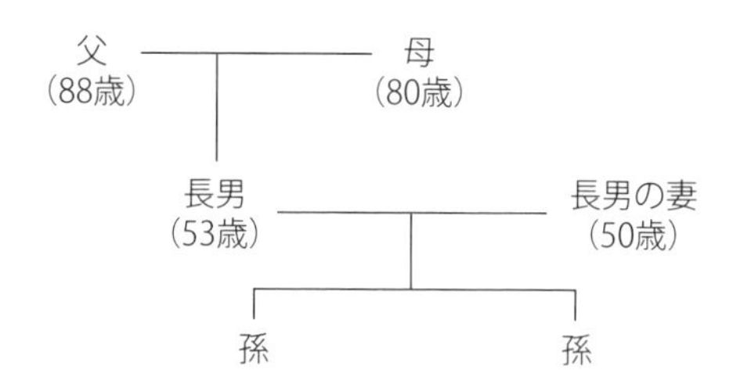

○　相談者は長男。

○　長男家族は父と母と別に住まいを持って生活をしている。

○　最近父はめっきり元気がなくなってきたし，母もそれを心配している。

○　長男は別に自宅を持っているので，両親が衰えてきたら介護施設に入ってもらうことになる。

(2) 父の財産内容

(1) 資産

①不動産　　自宅（築 25 年）約 5,000 万円

②有価証券　時価で約 1,000 万円

③預金　　　銀行預金 2,000 万円

その他　　　生命保険金　終身保険 3,000 万円

(2) 債務　なし

(3) 相談内容

相談者は長男です。最近，父博さんはめっきり元気がなくなってきたようで，近い将来，親の面倒をみなくてはならないと思いつつ，現在に至っています。長男は父が亡くなった場合には，父の自宅を処分して母を自宅に引き取ろうと考えています。そして，母を引き取った後で実家を売却して，場合によっては介護施設の費用に充てることも想定しています。

しかし，父が認知症になり判断能力に支障がでてくると，不動産の売却ができなくなるようです。税理士先生から，本人の意思確認ができないと，実家を売却する手続き（売買契約や登記申請などの法律行為）ができないと指摘されました。売却することができないと，介護の費用も捻出できませんし，実家も空き家の状態が続いたままになります。

成年後見人制度も検討しました。しかし，認知症で判断能力がなくなると成年後見人が選任されたとしても，実家の売却は困難です。

近い将来このような状況に陥らないために家族信託が有効と聞きましたという相談です。

(4) 信託検討のポイントと検討課題

＜信託のポイント＞

① 実家の名義の確認し，ローンが残っていないことを確認する。

② 委任および任意後見契約公正証書も作成する。

③ 長男が実家を管理し，売却をできるようにする。

④ 父に相続が発生した場合の手続きを誰がするか想定する。

④ 信託の終了の時期はいつにするか。

⑤ 信託終了時の信託財産の帰属。

＜信託の内容＞

① 信託財産は父の所有する実家の土地建物

② 委託者は実家を所有する父

③ 受託者：長男，後継受託者を長男の妻とする

受益者：当初受益者は委託者である父（自益信託とする）

父が死亡後の受益権の取得については次の順位として配偶者，長男とする

母が父よりも先に亡くなったときにの受益者は長男とする

④　信託の終了は受益者および受託者が合意したときに終了する

①不動産を信託財産として，条件を決めて信託

父の意思能力が低下してしまった場合でも不動産を売却して介護費などを捻出できるようにするためには，父の持つ自宅戸建不動産を信託財産として，家族信託しておくようにします。また，信託契約には，売却できる条件を定めておくようにします。このケースでは，父が施設等に入って自宅に居住しなくなった場合というように定めます。そして，信託する不動産については不動産登記名義を長男である受託者に名義を書き換えます。このとき，不動産の修繕費や管理費，固定資産税などを支払うための現金（父の預貯金）も，一緒に信託しておくのがよいでしょう。信託する金銭については，下記のように受託者名義の口座を開設した方がよいです。

売却する不動産に未払いのローンが残っている場合，実際には入念な金融機関との打ち合わせが「信託前」に必要となります。

②成年後見人では限界がある

判断能力が衰えてしまった場合にでも，成年後見人制度を利用することで，本人のために財産を利用することは可能です。しかし，成年後見人が選任されたとしても，実家の売却は困難です。成年後見人は，「成年被後見人に代わって，その居住の用に供する建物またはその敷地について，売却，賃貸，賃貸借の解除または抵当権の設定その他これらに準ずる処分をするには，家庭裁判所の許可を得なければならない」（民法 859 の 3）として，実家の売却については，家庭裁判所の許可が定められているからです。この許可はかなりハードルが高いとされています。

③家族信託と同時に任意後見契約

家族信託は受託者による財産管理の制度です。委託者の生存から死後にわたり委託者の意思を受けついだ財産管理を行うことができ，遺言などの従来の制度にない財産管理と財産の分割を行うことができます。しかし，家族信託は高齢者の財産管理において万能ではありません。

委託者のすべての財産を信託することはなく，任意後見制度を併用することで高齢者の財産管理を行うことができるようになります。任意後見人を長男にすることで，両親の身上監護に関しても十分な配慮をすることができます。

家族信託と同時に公正証書で委任契約および任意後見契約を締結します。委任契

約公正証書は，おもに財産管理と身上監護（身の回りの契約や手続き）を委任する契約で，どのような事項をお願いするかは「代理権目録」に細かく記載して決めます。ケガや病気の療養中など，判断能力はあるが財産管理等を代理人にお願いしたい場合に使えます。

任意後見契約は，判断能力が低下したときのためにあらかじめ，任意後見人を選んでおける制度です。任意後見人候補者は信頼できる身内にする場合が多く，裁判所が選ぶ法定後見人と異なり任意後見人の選任はご本人の意思が反映されるという大きなメリットがあります。ご本人の判断能力が低下したとされると，家庭裁判所に任意後見監督人選任の申立てがされて任意後見が開始されます。

④自益信託とする

父の介護費用を，父の自宅を売却して捻出できるようにしたいのが目的です。そうするためには贈与税の負担がない自益信託とすることが重要です。つまり実家の所有者である父を当初の受益者にすることです。

実家の所有者は父なので，信託をして不動産の名義と財産権である受益権が分かれても，必ず受益者は父にすることが重要です。父以外の人にしてしまうと，不動産そのものを贈与したことになり，贈与税の対象となります。

⑤相続により信託を終了させない

次のポイントは信託終了の時を委託者である父の死亡時に設定しないことです。信託を終了させることは通常の所有権に戻ることです。今回の事例で，父の死亡により信託を終了させてしまうと，相続人に所有権が戻ることになり，母が元気であるならばまだよいのですが，認知症になっていた場合には，今度は母の意思能力での「実家の凍結」という問題が生じてしまいます。父死亡のときに母はまだ存命であるケースは多く，そのときに母が健康で，意思能力があるかどうかはわかりません。

父の死亡前に母が認知症になってしまった場合には遺産分割ができなくなります。母には後見人がついて遺産分割協議をすることになるでしょう。そうすると母の自宅となる現在の実家は事実上凍結してしまうことになります。それでは父の時にせっかく凍結防止のために家族信託を設計した意味がなくなってしまいます。

また，父の死亡と同時に信託が終了して，所有権が相続人に移転する場合の税務上メリットにも配慮しなければなりません。父の遺産で大きな割合を占めるであろう実家において「小規模宅地等の特例」,「配偶者控除」や「居住用財産の特別控除」「空き家特別控除」の利用にも支障が出てくることが考えられます。

本事例では，基本的に信託の終了は「合意による」と定め,「父の死亡」とか「○○年間」などの期限の設定は避けるようにした方がよいでしょう。

⑥受託者

受託者は長男とし，父が倒れたときにも，母が認知症を発症したときにも対応することができるようにします。しかし長男が万が一先に亡くなってしまうことがあるかもしれません。そこで，後継受託者として予備的に長男の妻を指名しておきます。

⑦受託者固有の財産と分別管理

受託者は受託した財産と固有の財産とは分別管理をしなければなりません（信託法 34 ①)。実家売却後の金銭も信託財産を形成しますので，受託者は分別して管理しなくてはなりません。信託契約に管理の方法を定めた場合にはそれに従いますが，特に定めていない場合には,「その計算を明らかにする方法」で管理すればよいとされています（信託法 34 ①二ロ)。実家売却の場合では，長男名義の口座とは明確に区別できるように「委託者兼受益者父受託者長男信託口」,「受託者長男信託口」等の名称で信託口座を金融機関で開設してもらいます。信託口口座に対応できないとする金融機関もありますが，信託口口座を開いてくれる金融機関も増えてきてい

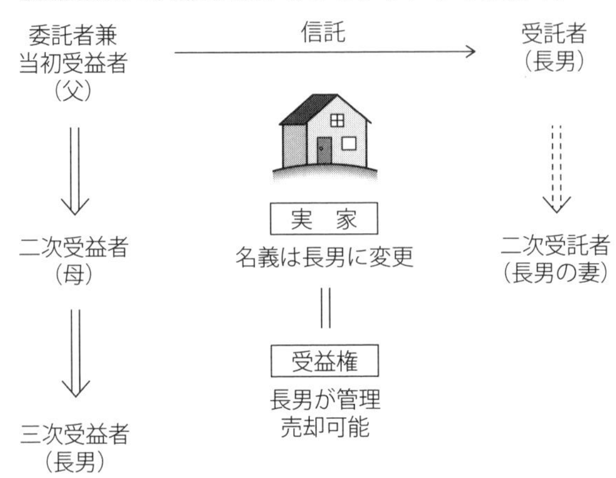

ますので，対応してもらえる金融機関を探します。

不動産のように登記ができるものは登記が必須になります（信託法 14）。ところで，不動産の登記は第三者対抗要件ですので，信託契約書の条項すべてを登記する必要はありません。第三者に対して主張したい事項を入れるようにします。登記原因証明情報は信託契約書でもよいのですが，信託目録に記録すべき内容は第三者対抗要件が必要な事項や公示してもよい事項を入れますので，登記申請する際には，信託契約書とは別に，登記原因証明情報を作成した方がよいでしょう。

2 事例Ⅱ 不動産賃貸オーナーの認知症対策に利用するケース

賃貸不動産を所有している家族の相談に応えます。

賃貸不動産を所有している父親に代わり，老朽化する賃貸不動産の建替えに備えて，長男が管理し，建替えの実行，相続後の承継まで配慮した信託契約を結びます。

(1) 家族構成

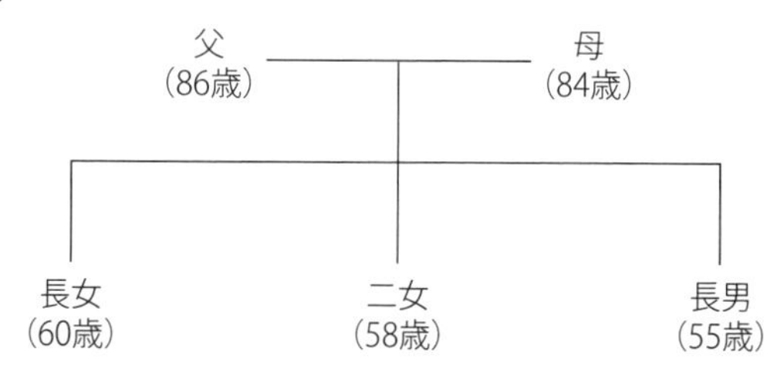

- ○ 相談者は長女。両親は埼玉県に在住。
- ○ 長女は大手企業の夫と大阪に居住しており，両親を定期的に訪ねている。
- ○ 二女は夫の関係で海外に居住している。
- ○ 長男は両親と同居しており地方公務員で，不動産管理も手伝っている。

(2) 財産内容

(1) 資産

①不動産　自宅（築25年）

賃貸商業ビル（築30年）

②有価証券　時価で約1,000万円

③預金　銀行預金3,000万円うち修繕積立金1,000万円

その他　生命保険金　終身保険3,000万円

(2) 債務　なし

(3) 相談内容

相談者は長女です。父は先代から相続した土地に商業ビルを建築しました。相当な建築年数が経っているので，そろそろ建物の取壊しと立替えが必要となることを懸念しています。土地は代々にわたって承継して欲しいと希望しています。

相談者の父はまだ健常ではありますが，相談者は父が高齢なこともあり，認知症となり建替えができなくなることを懸念しています。父は遺言は残していませんが，遺産に占める不動産の割合が高く，妻と子どもたちにどのように資産承継をしたらよいか迷っています。

(4) 信託検討のポイントと検討課題

＜信託のポイント＞

① 委託者となる父の考え方の確認。
父の相続の時，母の相続の時の財産承継，兄弟の財産分割。

② 受託者となる者と後継受託者の決定。

③ 両親の相続後も受託者が財産を管理し，信託終了まで信託収益を交付。

③ 信託の終了の時期はいつにするか。

④ 信託終了時の信託財産の帰属。

＜信託の内容＞

委託者：父

受託者：長男，後継受託者：長女

受益者：父，二次受益者：母，長女，二女，長男

帰属権利者：長女，次男，長男

①相続についての父の考え

本事例の相談者は長女なので，相談者自身の財産ではありません。信託の仕組みを検討するにあたっては，必ず委託者である父の考えを確認しなければなりません。

父が建築した商業ビルは年月の経過とともに老朽化してきており，いずれは取壊しと建替えが必要になると考えています。建物は建て替えられても土地は自分が相続したものなので，今後も子どもたちに引き継がれることを望んでいます。

相談者の父は遺言を作成されていないようですが，資産に占める不動産の割合が高く，母と子どもたち3人にどのように財産を相続させたらよいか迷っているとのことです。財産の承継方法も信託で解決することを希望しています。

②受託者となる者の決定

現在の家族構成からすると，長男は委託者である父とも同居しており，また地方公務員でもあることから転勤もなく，長男が信託財産の管理をすることが最適です。父の不動産管理も手伝っているということですからスムーズに進むことでしょう。

一方，信託では受託者が不在になると終了してしまいます。もし，受託者である長男が先に死亡した場合には，受託者としての業務を引き継ぐ者がいなくなってしまいます。しかし信託を終了させるわけにはいきません。そこで，万が一のために長男が亡くなってしまった時のために次の受託者を長女にすることを提案しておきます。

長女は遠隔地で生活をしていますが，長男は自分の万が一のためにその時の手順を書き残しておくことにしました。

③信託財産の管理

長男が受託者となり信託設定後から母の相続までの間，両親のために信託財産を管理する仕組みを作ります。信託財産の賃貸借契約の管理，保守等の管理を一切長男に任せて，高齢の父は受益者として収益を得ることとなります。商業ビルの土地と建物の名義は受託者である長男となりますが，信託財産からの収益は受益者である父のものです。

④父の相続の時，母の相続の時の財産承継

相続における財産承継では配偶者が口を挟むことが多くなってきています。信託受益権は遺留分算定において対象となる財産です。そのため，信託を活用した財産

の承継では，相続人の遺留分への配慮は欠かせません。どのように信託受益権を相続するのか検討することが重要です。

信託設定時の受益者は父としています。父が亡くなったとき父の受益権は消滅し，母と 3 人の子供たちが新たな受益者となります。そして母が亡くなったとき母の受益権は消滅し，母が有していた受益権分について，3 人の子供たちが受益者となります。父から母（一部は 3 人の子供たち），母から 3 人の子供たちと連続する受益者連続型信託を設定します。

父と母の相続が終了したときでも，信託は継続します。長男は継続して受託者の業務を行うため，受益権割合を長男は 40%，長女と次女は 30%ずつとします。両親が亡くなった後，しばらくの間，子供たちは受益権の有する割合で信託財産の収益を得ていきます。

⑤子供たちの話し合いで信託を終了する

子供たちの代となったとき，信託の終了について子供たちが話し合いを行い信託の終了時期を決めることとします。本信託のオリジネーターは父ですが，信託を設定する現段階で父が子供たちの財産分割まで決めることは，かえって将来において難しい問題を生じさせる原因となると考えました。信託法 163 条 9 号には，「信託行為において定めた事由が生じたとき」信託は終了すると定められています。そのため，「父と母の相続の後であって，受益者である長男，長女，次女が合意したときに信託は終了する」としました。

⑥清算受託者が商業用ビルを取り壊しさらに土地を分筆して帰属権利者に交付する

信託法 178 条 1 項には，「清算受託者は，信託の清算のために必要な一切の行為をする権限を有する。ただし，信託行為に別段の定めがあるときは，その定めるところによる」とされています。

3 人の子供たちの話し合いが整い信託が終了した時，清算受託者は信託建物を取り壊して信託受益権を有する割合で信託土地が子供たちに帰属するよう分筆し，信託の残余財産で，ある土地を交付すると信託契約に定めておきます。建物を取り壊すことができるようにするため，信託財産に費用を積み立てておきます。

【賃貸不動産を所有している家族の相談に応える】

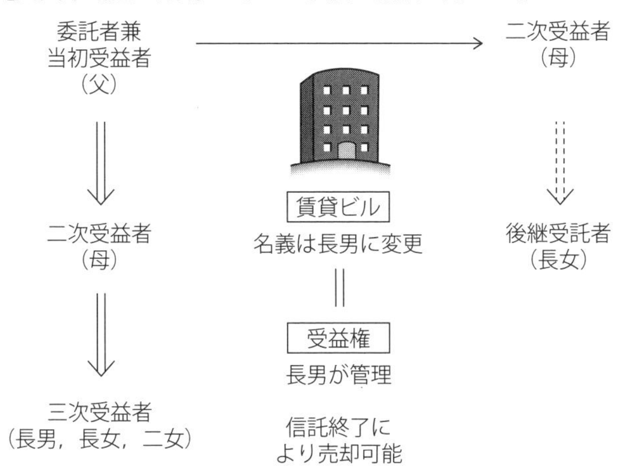

3 事例Ⅲ 障害を持つ子の親亡き後の支援のために利用するケース

両親が元気なうちは自分たちで管理できる財産でも，高齢になると管理ができなくなります。そこで，元気なうちは障害者の子の面倒はみるものの，財産管理ができなくなった時には次世代の家族に財産管理を委託して，障害者の子が安心して生活できるような環境を作ります。

(1) 家族構成

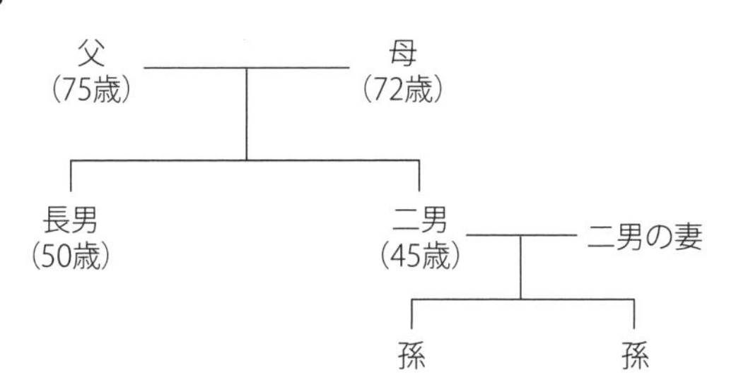

- ○　相談者は父で都内に賃貸アパートを2棟保有している。
- ○　2人の子供のうち長男が重い障害を持っている。
- ○　長男は今後も施設で生活することになると考えている。
- ○　長男が自分で財産管理することができないことを心配している。
- ○　相談者が所有する財産のうちどの財産を相続させるのがよいのか悩んでいる。
- ○　次男家族は父と母と別に住まいを持って生活をしている。

(2) 父の財産内容

(1) 資産

① A不動産	(土地と賃貸アパート) 約1億円
② B不動産	(土地と賃貸アパート) 約1億円
③自宅 (築15年)	約5,000万円
④預金	銀行預金2,000万円
⑤その他	生命保険金　終身保険3,000万円
(2) 債務	銀行借入金1億円
	預かり保証金500万円

(3) 相談内容

賃貸アパートは2棟とあり，それぞれ築年数は異なっていますが，一括借り上げ契約を締結しています。相談者，妻ともに健康であり認識力もまったく問題ありません。障害を持つ長男の今後の生活基盤が心配なので，将来も不動産収入から生活費を捻出して欲しいと希望しています。

(4) 信託検討のポイントと検討課題

<信託のポイント>

① 資産を保有する相談者はまだ自身で財産管理することができる。

② 信託で財産管理をする場合，いつから信託を開始するのがよいか。

③ 受託者は誰にするのか，すぐに見つからない場合にはどうするか。

④　委託者の死亡で信託を終わらせない。

<信託の内容>

①　受託者を相談者とする自己信託とする

②　受託者が管理できなくなった場合の後継の受託者をあらかじめ定めておく

③　委託者が死亡した場合の受益権の帰属権利者は母，長男，二男に父が配慮して指定する

④　二次受益者の母の死亡後母の元に行った受益権も指定することは可能

①受託者を相談者とする信託とする～自己信託

家族が受託者となる家族信託では，受託者となることのできる人物に限りがあり，その実行に課題があります。この事例では，4 人家族のうち 1 人が障害者のため，受託者の候補者がより限定されます。そのため相談者本人が受託者となる自己信託の形式を検討し採用しました。

自己信託は，信託宣言ともいわれ，その設定の方法はこれまで説明してきた信託契約の方法とは異なります（信託法 3 ③）。信託法施行規則 3 条には，自己信託に係る公正証書等の記載事項等の定めがあります。

信託法 163 条では，受託者が受益権の全部を固有財産で有する状態が 1 年間継続したときに終了することになります。そのため，相談者が受託者となる信託（自己信託）では，すべての受益権を有しないことが必要となります。そこで，受益権の一部については将来受益権を取得する予定の長男に贈与することが考えられます。

相談者が，自身で財産管理することが難しくなってきたときに信託を設定するのがよいかもしれません。しかし，それはいつ訪れるのか答えは誰にもわかりません。突然，相談者が財産管理できなくなることも考えられます。万が一が生じたときにどうするのかと考えるのではなく，あらかじめ対処しておく必要があります。自己信託を活用すれば，受託者はこれまで行ってきた不動産管理業務を継続すればよいので，信託財産の管理において新たな業務負担は少なくて済みます。

②後継の受託者をあらかじめ定めておく

障害を持つ方を受益者とする信託では，より安定した信託の仕組みが必要です。家族信託では，家族の状況や財産を所有する人の意向にあわせて柔軟にその仕組みを検討することができ便利な仕組みです。しかし，多くの家族信託では，受託者を家族の中の特定の個人が担うことが多く，その場合，受託者の死亡リスクがあり安

定性に課題があります。受託者が亡くなることにより後継の受託者が速やかに決定されない，または不存在のため終了することがあると，障害を持つ方への信託収益の給付が途中で打ち切られることとなり，信託の目的を達成することができません。

そこで，後継受託者が重要となります。将来，相談者が認知症になり認識する力が大変弱くなる可能性があり，受託者の業務ができなくなることが予想されます。二男にこれから先ずっと長男の面倒を見ていくことの覚悟があるかを確認しました。二男に覚悟があることがわかりましたので，信託契約に二男が後継の受託者であることを定めておきます。

受託者の業務能力の低下を客観的なデータで示されたとき，または受託者の辞任により受託者が二男に替われるようにしておきます。客観的な方法として，医師の診断書によるような測定方法などを活用することもひとつの方法です。

③何を信託財産にするのか

相談者の財産のうち多くを占めるのは不動産です。アパートを建築したときの借入金が残っているのでネットの財産額は少なくなりますが，アパートは一定の賃貸収入が見込めるため，不動産を維持することは現在の低金利の環境では必要なことです。賃貸アパートとその土地を信託財産としておけば，将来，受託者が不動産を売却することも可能と考えています。

④借入金が金融機関に残っている場合

金融機関に建築資金の残債務がある場合に，信託を設定するには金融機関の承認が必要となります。信託の設定も譲渡になりますので，買入債務の期限の利益を喪失することになります。一括返済というリスクがありますので，借入金融機関には事前の相談が必須となります。

⑤商事信託とのコラボレーション

障害を持つ方を受益者とする信託では，信託銀行や信託会社を受託者とする商事信託の活用も検討する課題です。信託銀行や信託会社が受託者の場合，障がい者を受託者とする信託には贈与税の非課税措置があります。

「特定贈与信託」は，特定障害者（重度の心身障害者，中程度の知的障害者及び障害等級２級または３級の精神障害者等）の方を受益者として，その方の生活の安定を図ることを目的に，その親族等が委託者となり金銭や有価証券等の財産を信託銀行等の受託者に信託するものです。障害を持つ方への安定した信託収益の交付を目

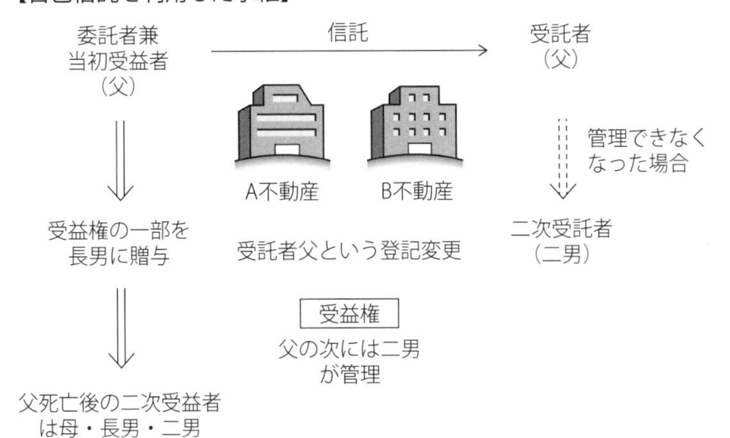

的とする場合，信託銀行や信託会社を受託者とする信託の検討をお勧めします。残念なことにこの制度は信託銀行か信託会社でしか利用できません。また，信託財産は制限があり，すでに建築されている不動産を信託財産とすることは，現状ではほぼ受託されていないようですから，事前に信託銀行や信託会社に確認することが必要です。

4 事例Ⅳ　再婚し後妻がいるケース

高齢化が進むにしたがって，残された夫が再婚することが多くなってきています。夫にとって気になるのは再婚した妻の生活の安定です。それでも前妻に子どもがいるときには不動産は子へと引き継ぎたいという希望が残ります。

家族信託ではこのような家族の財産承継に役立つ制度です。

(1) 家族構成

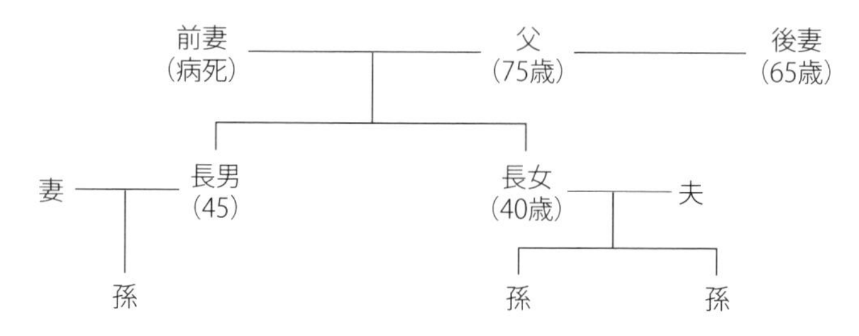

- ○ 相談者は父。
- ○ 数年前に前妻を病気で亡くしているがその後に再婚をした。
- ○ 長男家族は父と別に住まいを持って生活をしている。
- ○ 相談者は前妻の親族との交流はあまりない。
- ○ 長女とはあまり会うことはないが，長男とは孫も一緒に交流がある。
- ○ 相談者は後妻の今後，特に自分に相続があった後の後妻の生活を心配している。
- ○ 後妻に相続があった後は不動産が後妻の親族にいくのではなく，長男に引き継いで欲しい。

(2) 父の財産内容

（1）資産

①不動産	自宅（築25年）約5,000万円
②不動産	賃貸マンションA物件（築10年）相続税評価額1億円
不動産	賃貸マンションB物件（築5年）相続税評価額3億円
③預金	銀行預金8,000万円
その他	生命保険金　終身保険3,000万円

（2）債務　　銀行借入金1億円（10年後に完済予定）

(3) 相談内容

相談者は，5年前に再婚しました。高齢になってからの再婚で，後妻が相談者よりも10歳も年下のため自身の相続における財産の分割について懸念があります。

妻が老後の生活に困らない程度の財産を残してあげたいのですが，自分にいつ相続が起こるのか，そしてその後に妻が何歳まで生きるのか計算もできないため，どのくらいの金銭を残したらよいのか不安です。

自分の死後に前妻の子どもたちと後妻の間がどのような関係になるのか，ずっと安心して暮らしていけるのかを懸念しています。そこで，賃貸マンションの収入は妻が生存中は生活資金として取得して欲しいと考えています。ただ，所有している不動産については後妻亡き後は自分の子どもたちに引き継いでほしいと希望しています。

顧問税理士に相談したところ，家族信託を活用すれば，妻が生きている間必要とされる資金を給付する仕組みを作ることができ，また不動産も先妻の子に引き継ぐことができるのではないかという助言がありました。

(4) 信託検討のポイントと検討課題

<信託のポイント>

① 信託設計当初は相談者が生存中で元気なので受益者は相談者とする。

② 相談者の相続後，再婚した妻に生活資金を安定的な収入を得られるようにする。

③ 再婚した妻が亡くなった後，不動産は長男と長女に相続できるようにする。

④ 相談者は顧問税理士を信頼しているので，今後も家族信託の運営を手助けしてほしい。

⑤ 顧問税理士には相続税のことも相談しているので，そちらにも配慮してほしい。

⑥ 信託の終了の時期はいつにするか。

⑦ 信託終了時の信託財産の帰属権利者を先妻の子どもたちにする。

<信託の内容>

① 委託者は相談者とし当初受託者を相談者本人とする自益信託とする

② 受託者には一般社団法人を設立して，顧問税理士にも理事として参加してもらう

③ 相談者に相続が発生後は受益者は後妻に受益権の一部を相続させ安定収入を得る

④ 一般社団法人を設立して顧問税理士に家族信託の適正な運営を監視させる

④　後妻が亡くなった時には目的が達成できたので，信託を終了させる

⑤　信託終了時の信託財産の帰属権利者は二人の子どもにする

①相続後，再婚した妻に生活資金を給付する信託

相談者は自分が元気なうちは，不動産も自分で管理することができるので，賃貸収入も自分で受け取ることができるようにすることができます。家族信託設定時の受益者は相談者本人（委託者かつ受益者の自益信託），相談者が亡くなったら，相談者の受益権が消滅し，新たに妻と長男が受益者となります。このような遺言代用信託を活用することで，相談者の相続発生の時期を懸念することがなくなります。

相談者が自分で管理することができなくなったような場合や，相続があった場合に後妻の生活に支障がないように相続後は受益権は一部後妻に相続してもらい，賃貸収入が入ってくれば安定収入が確保できます。信託契約では受益者に対して定期的に分配するようにしておけば，後妻は定期的な生活資金を得ることができます。

②受託者は一般社団法人

相続者本人，長男と顧問税理士が設立時社員となり，賃貸マンションを受託する目的で一般社団法人を設立し，その一般社団法人が受託者となります。顧問税理士にも入ってもうらうことで，相談者亡き後，長男が突然亡くなり一般社団法人が存続できなくなることを防ぎます。相談者と長男及び顧問税理士が理事となり，信託財産管理の実務を担います。

顧問税理士が理事に就任してくれているので，長男の気が変わって後妻との仲が悪くなったとしても，一般社団法人の運営は適正に行われることが期待されます。一般社団法人を設立しないで，長男が受託者になったとしても，顧問税理士には信託監督人ように受託者の業務を監視してもらえる職務に就任してもらえれば，相談者は安心することができます。

一般社団法人まで作るというとても手数がかかるように思われがちですが，簡単に設立することができます。一般社団法人は顧問税理士に設立してもらい，毎年の最低運用コストは住民税の 7 万円だけです。一般社団法人は大変利用価値の大きい組織です。

③金融機関の承認が必要

賃貸マンションは建築後短く建築費の債務が残っています。信託設定にともない，受託者の一般社団法人が債務者となるよう債務者変更を行います（信託法 21 ①三）。

検討した信託の仕組みを取引銀行に事前に説明し，債務者変更が可能か，賃貸料を受け取る受託者口座の開設が可能かについて確認する必要があります。

信託による債務者変更，受託者口座の開設の対応可能な金融機関は限られているため，取引銀行が対応不可の場合，対応が可能な銀行を探す必要があります。融資の借換えについては，現在の取引銀行に解約手数料などを支払うことが必要となることもあり，そのコストについても検討が必要です。

④受益者連続型信託

このように受益者の承継を何代か先まで指定する信託，つまり受益者が死亡したら，次の人が受益権を取得することが定められている受益者連続信託とします。これは配偶者の認知症・介護対策にも使える手法で，本事例では後妻は認知症などで意思能力を失ってしまっても一般社団法人から生活費や医療費の給付を受けることができます。後妻が亡くなったときには信託が終了として，残った財産は前妻の子どもたちが受け継ぐようにします。

【再婚した後妻に安定収入を確保し，財産は子どもたちに相続してもらいたい】

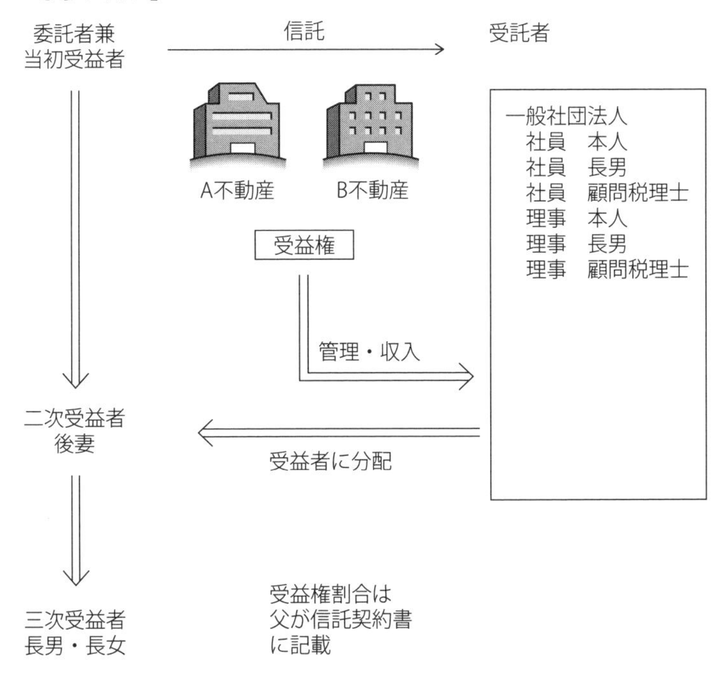

信託ではこのようにして自分の死後に，財産を誰のためにどう使うか，さらに財産を誰から誰のもとへ渡るようにするのか，前もって決めておくことも可能です。本事例では後妻が亡くなった後の相続財産を，長男と長女にどのように引き継がせるかを相談者が決めることが可能です。この時にも相続税の負担に配慮が必要なので，今から顧問税理士から助言を受ける必要があります。

⑤信託はいつまで継続するのか

後妻への老後生活資金の給付が目的なので，相談者は，それを実現する期間にしたいと考えています。信託がスタートしたら，受託者は土地の管理や活用を行うことになりますが，最終的に子どもたちにに受益権が移転した時点で，信託は終了となります。こうすれば，先祖代々の土地は血縁のある子どもたちに確実に承継されることになります。

⑥信託財産の帰属権利者

帰属権利者は長男と長女とします。受託者は引き続き清算受託者として信託の清算業務を行いますが，長男か長女が信託財産を売却し金銭で得ることを希望する場合，清算受託者が信託財産を売却することができるとしておきます。

顧問税理士は，信託の設定から家族信託清算まで長期に渡り関与することが考えられます。

用語索引

【あ行】

【か行】

【さ行】

【た行】

【な行】

【は行】

【ま行】

【ら行】

【著者紹介】

成田　一正（なりた　かずまさ）

国税専門官として税務調査に従事後，大手監査法人にて法定監査・株式公開のバックアップに従事。昭和60年から事業承継対策を専門とする実務に従事。平成元年成田公認会計士事務所を設立。2011年税理士法人おおたかを設立，代表社員に就任，現在特別顧問。公認会計士，税理士，行政書士。

【主要著書】『Q&A　事業承継・自社株対策の実践と手法』（日本法令），『賃貸アパート・マンションの民事信託実務』（共著・日本法令）等

石脇俊司（いしわき　しゅんじ）

株式会社継志舎代表取締役。一般社団法人民事信託活用支援機構理事。

CFP®，日本証券アナリスト協会検定会員，宅地建物取引士資格取得。

外資系生命保険会社，日系証券会社，外資系金融機関，信託会社を経て，株式会社継志舎を設立。信託会社と金融機関での経験を活かし，企業オーナーや資産家の相続・事業承継対策や資産管理のための信託実務を取組み，実績は豊富である。

著書に『民事信託を活用するための基本と応用』（大蔵財務協会），『信託を活用したケース別相続・贈与・事業承継対策』（共著・日本法令），『危ない民事信託の見分け方』（共著・日本法令），『相続事業承継のための民事信託ワークブック』（法令出版），『民事信託受託者の実務』（共著・日本法令）がある。

＜株式会社　継志舎＞

設立	平成28年2月
住所	東京都中央区日本橋本町4-8-17　KN日本橋ビル204
ホームページ	https://keishisha.com/
事業内容	1. コンサルティング業務 ①民事信託を活用した資産の管理・相続・事業承継に関するコンサルティング ②民事信託の組成に関する支援と，組成後の受託者への支援 ③民事信託を活用したビジネスを実践する事業会社へのコンサルティング 2. ファイナンシャルプランニング業務
特色	会計事務所や不動産関連会社と連携して上場・未上場会社オーナー，資産家の民事信託の組成実績が豊富。会計事務所が主体となり民事信託組成の支援を行う際の会計事務所支援なども行っている。不動産関連会社，証券会社，保険会社などに民事信託を活用した相続・事業承継に関するビジネスの企画・推進と業務支援も行う。

著者との契約により検印省略

令和２年６月30日　初版発行

税理士が提案できる家族信託
検討・設計・運営の基礎実務

著　者　成田一正
　　　　石脇俊司
発行者　大坪克行
印刷所　美研プリンティング株式会社
製本所　牧製本印刷株式会社

発行所　〒161-0033　東京都新宿区下落合２丁目５番13号　株式会社　税務経理協会
振替　00190-2-187408
FAX（03）3565-3391
電話（03）3953-3301（編集部）
（03）3953-3325（営業部）
URL　http://www.zeikei.co.jp/
乱丁・落丁の場合は，お取替えいたします。

ISBN978－4－419－06692－5　C3032